Inhalt

1. Es werden immer mehr...

»Warum sind Sie nicht verheiratet?« Je mehr Jahre vergehen, desto seltener wird mir diese Frage gestellt. Aber ich weiß, daß ich einmal zu unserem Pastor sagte, die Leute sollten mich mit solchen Fragen doch verschonen. Mit einem Augenzwinkern antwortete er: »Wäre es Ihnen wirklich recht, wenn sie damit aufhörten?«

Wir ledigen Frauen haben einige Antworten auf diese Fragen parat. Zum Beispiel: »Oh, eines Tages werde ich schon heiraten.«

»Tatsächlich! Und wann?«

»Bei der erstbesten Gelegenheit!«

Oder, wenn andere auf gönnerhafte Weise versuchten, uns mit den Worten zu trösten: »Eines Tages wirst du schon dem richtigen Mann begegnen«, erwiderten wir schnippisch: »Ich bin ihm schon begegnet. Er war genau der Richtige, nur – leider hat er das nicht gemerkt.«

Der befreiende Humor

Sie können sicher sein, daß ich nicht versuchen werde, die Schwierigkeiten mit einem Schmunzeln zu erledigen. Aber Humor ist in allen Lebenslagen eine große Hilfe. Das hat überhaupt nichts mit Oberflächlichkeit zu tun. Humor, der auch in vielen Gleichnissen Jesu zum Vorschein kommt, hilft uns, die Wirklichkeit einmal mit anderen Augen zu sehen. Er ist eine Gabe Gottes, die wir in dieser oft so unerträglichen Welt bitter nötig haben. Ohne Humor nehmen wir uns selbst zu ernst, werden wir verbittert und resignieren.

Viele unverheiratete Menschen sind unglücklich, nur weil sie diesen befreienden Humor in ihrem Leben nicht entwickelt haben. Sie sehen nichts außer ihren Problemen.

Es tut sich was

Wir mögen über die moderne Frauenbewegung denken, wie wir wollen; ein positiver Effekt ist die Tatsache, daß die Vorurteile, die den ledigen Frauen bisher anhafteten, in den Hintergrund getreten sind. In Amerika kann man sogar den Eindruck gewinnen, daß das Ledigsein wirklich respektiert wird und kein Gesprächsthema für Kaffeekränzchen mehr hergibt. Zeitungen und Zeitschriften bringen interessante Artikel über den Lebensstil Lediger. Einer davon erschien unter der Überschrift »Eine neue Subkultur: die Gesellschaft der Ledigen«.

Wie wahr! Heutzutage findet man in jeder Großstadt immer mehr ledige Männer und Frauen. Sie »vermehren« sich rapide. Umfassendere Ausbildung, größere persönliche Freiheit, breiter gefächerte Berufsmöglichkeiten, finanzielle Unabhängigkeit, weltweite Kontakte und Reisen: all dies veranlaßt junge Leute schließlich, mit dem Heiraten zu warten. Nichtsdestoweniger kommt es aber vor, daß selbst unsere besten Freunde immer noch über die Ledigen reden, als wäre »er« oder »sie« ein Erdenbürger zweiter Klasse. Dieses Gefühl ist der ständige Begleiter vieler stiller, aber verzweifelter lediger Menschen.

Wir Ledigen oder Alleinstehenden haben Probleme – und nicht zu wenige. Aber genau besehen rühren sie nicht alle von unserem Ledigsein her. Nachdem meine Schwägerin – glücklich verheiratet – meine Ausführungen über die Probleme und Versuchungen der ledigen Frau gehört hatte, sagte sie: »Verheiratete kämpfen eigentlich mit genau denselben Problemen, nur auf andere Weise.« Andere verheiratete Freunde sagten mir ähnliches.

Einsamkeit zum Beispiel. Wir sehnen uns danach, daß jemand auf uns wartet, wenn wir nach Hause kommen; jemand, dem wir gleich unser Herz ausschütten könnten, der sich all unsere Kümmernisse des Tages anhören würde und der ein Wort des Trostes und der Ermutigung für uns bereit hätte. Aber auch eine Ehe ist dafür keine Garantie! Der Ehemann mag in seinem Beruf viel zu beschäftigt und die Mutter viel zu sehr von den Kindern in Beschlag genommen sein, als daß einer dem anderen wirklich in Ruhe zuhören könnte. Jeder braucht Aufmerksamkeit und Beachtung – und keiner schenkt sie dem anderen. Oder der Ehemann ist oft auf Reisen und kommt nur am Wochenende nach Hause. Dann leben doch beide Partner die meiste Zeit ihres Lebens für sich allein.

Ein anderes Problem liegt auf sexuellem Gebiet. Viele Ledige denken: »Wenn ich verheiratet wäre, brauchte ich nicht immer zu verzichten.« Aber manche Verheirateten werden da Einspruch erheben. Die körperliche Liebe, so schön sie auch sein mag, ist nicht automatisch perfekt. Jeder der Partner hat seine Eigenarten, die eine befriedigende sexuelle Beziehung schwierig oder (ohne Hilfe) manchmal unmöglich machen. Und dann kann es auch sein, daß der Partner gerade nicht da ist oder sich nicht wohl fühlt. Kinder kommen dazwischen. Andere Pflichten fordern viel Zeit.

Wer sagt, Verheiratete hätten es in dieser Hinsicht grundsätzlich besser, irrt sich gewaltig.

Nicht immer nur Probleme

Wir haben ganz einfach deshalb Probleme, weil wir Menschen sind. Wir sind unvollkommene Menschen, die in einer unvollkommenen Welt leben. Wen kann es eigentlich wundern, daß wir Schwierigkeiten haben und uns mit unserer selbstsüchtigen Art ständig herumschlagen müssen? Sie und ich haben oft die Entschuldigung gebraucht: »Ich bin immerhin auch nur ein Mensch!«

Unser Pastor erzählte uns einmal folgendes Erlebnis: Er fuhr mit seiner Familie im Wagen auf einer Schnellstraße, als ihn ein anderes Auto überholte und haarscharf schnitt. Der Pastor bremste und schimpfte böse: »Verdammt noch mal!« Seine zehnjährige Tochter triumphierte: »O Vati, Vati, du bist ja ein Mensch genau wie wir!«

Das ist also die eine Seite unserer Menschlichkeit: Wir haben ständig mit der Sünde zu tun. Aber ist das wirklich alles? Nein, es gibt glücklicherweise noch eine andere Seite.

Ich verbrachte wieder einige Tage in den Bergen von Malaysia, und eines Morgens ging ich zum Postamt hinunter. Welch eine Überraschung erwartete mich dort! Der Postbote, ein junger Hindu, begrüßte mich: »Guten Morgen! Ich wußte, daß Sie heute kommen würden, und ich habe Ihnen Rosen mitgebracht. Ich erinnere mich daran, daß Sie Rosen so gern haben.«

Damit überreichte er mir einen großen Strauß herrlicher Rosen, für die jene Gegend bekannt ist. Ich war sprachlos und sog den zarten Duft der Blüten in mich hinein. Aber noch mehr war ich von der spontanen Aufmerksamkeit dieses jungen Mannes überwältigt.

Unser menschliches Leben besteht nicht nur aus Kleinlichkeiten, Härte und Streitlust. Die Ebenbildlichkeit Gottes schimmert gelegentlich immer noch durch. Gott bemüht sich ständig, uns in seine Nähe zu ziehen. Er umgibt uns mit Tausenden seiner natürlichen Gaben und möchte uns völlig verwandeln.

Menschen erster Klasse

Wenn im Evangelium von Jesus Christus steht – und es steht dort –, daß keine Sache hoffnungslos, kein Zustand unabänderlich und kein Problem unlösbar für Gott ist, warum gibt es dann so unendlich viele verzweifelte und lebensüberdrüssige ledige Männer und Frauen? Sie sind auch unter Christen zu finden.

Ich glaube, wir haben uns gemeinsam nicht

gründlich genug mit der Ehelosigkeit beschäftigt. Dieses Thema wird allgemein mit Zurückhaltung behandelt, wenn man überhaupt darüber spricht. Alleinstehende Erwachsene werden in den Kirchen- und Gemeindeprogrammen nur wenig berücksichtigt. Wir bitten sie vielleicht, im Kindergottesdienst mitzuhelfen, gelegentlich als Köchin zu fungieren (ob sie das wohl kann?), und im übrigen sind wir der Meinung, damit unsere Pflicht den Ledigen gegenüber getan zu haben. Oft erwarten wir von ihnen auch die Bereitschaft, allerlei Verpflichtungen zu übernehmen und überall aktiv mit dabei zu sein. Schließlich haben sie ja viel mehr Kraft und Zeit als die Verheirateten. Aber im Grunde wissen wir nicht, wie es sich mit den Ledigen verhält.

Lassen Sie uns deshalb in den folgenden Kapiteln offen die verschiedenen Seiten dieses Themas betrachten.

2. Was hat Gott mit den Menschen vor?

Die meisten ledigen Frauen werden es nicht laut aussprechen, was eine Freundin von mir resignierend feststellte: »Gott kümmert sich überhaupt nicht um mich; sonst hätte er mir doch auch einen Mann gegeben.«

Genau das ist es, was viele Ledige tief innen empfinden. Was die Bibel über das Ledigsein sagt, heilt nicht automatisch diese Wunden. Dem mächtigen Gefühl in uns können wir nicht einfach befehlen: »Gefühl, höre auf damit!« und dann erwarten, daß sich dieses Gefühl mit dem Wind verflüchtigt. Nein, wir können unseren Gefühlen nicht befehlen, aber wir können unsere Gefühle so beeinflussen, daß sie in richtige Bahnen kommen. Unsere Gefühle hängen nämlich davon ab, wie wir eine Sache beurteilen.

»Richtig« denken

Nehmen wir einmal an, wir würden fortwährend denken: »Ich wäre im Leben viel weiter gekommen, wenn schon meine Eltern eine bessere Ausbildung gehabt hätten.« Das gefühlsmäßige Resultat davon mag Resignation sein oder Auflehnung den Eltern gegenüber – und ein tiefes Minderwertigkeitsgefühl. Angenommen aber, wir würden diesem negativen und ungerechten Gedanken folgende Wahrheit gegenüberstellen: »Gott wollte, daß ich diese Eltern habe, und sie erzogen mich, so gut sie es konnten. Gott hat noch vieles in mich hineingelegt; das werde ich jetzt entfalten – und er will mir dabei helfen.«

Das Resultat werden positive Gedanken sein, die uns befähigen, die Probleme des Lebens mutig und entschlossen anzupacken. Wir werden schöpferisch und offen dafür, was Gott mit uns vorhat – und wir werden dieses Ziel auch erreichen. Wir werden für unsere Eltern dankbar sein und dafür, daß sie uns eine bessere Ausbildung ermöglichten, als sie selbst hatten.

Wenn wir aber unsere Gedanken und Gefühle mit Negativem nähren, dann werden wir falsche Vorstellungen von Gott und von uns selbst bekommen. Und das führt schließlich dazu, daß wir uns zu Tode schleppen mit bedrückenden, dunklen Gefühlen. Damit widerstehen wir Gott! Wir hassen uns selber. Und wir werden neidisch auf das Glück anderer Leute.

Wir müssen viel objektiver werden, wenn wir über dieses Thema diskutieren. Wie befangen sind wir doch in unseren Gesprächen über Ehe und Ehelosigkeit! Dabei hat jeder Stand seine Berechtigung! Aber gerade hier berühren wir eine empfindliche Stelle in unserer Seele.

Doch die Bibel, der Lauf der Geschichte und unsere persönliche Erfahrung zeigen uns eindeutig, was Gott über die ursprüngliche Bestimmung des Menschen sagt, über seine Zielsetzung für die Ehe und seine Berufung zum Ledigsein.

Gottes ursprüngliche Absicht für den Menschen: die Ehe

Wer sich mit offenen Augen in dieser Welt umschaut, könnte zu dem Schluß kommen: Wenn es einen Gott gibt, dann kümmert er sich entweder nicht um die Probleme der Menschen oder er steht ihnen hilflos gegenüber. Eine verbitterte ledige Frau ist angesichts ihrer persönlichen Situation versucht zu folgern: Gott? – Ich spüre nichts von seiner Existenz.

Wenn wir die Bibel aufmerksam lesen, erkennen wir, daß Gottes Absicht für das irdische Leben jeder Frau und jeden Mannes die Ehe war. 1. Mose 1 und 2 zeigen, daß diese ursprüngliche Zielsetzung Gottes für den Menschen eine Bestimmung war und nicht etwa eine freiwillige Möglichkeit. Gemeinsam sollten Mann und Frau sich die Erde untertan machen und alles genießen, was Gott ihnen in Liebe zugedacht hatte (vgl. 1. Mose 1, 26–31).

Doch schauen Sie sich das Leben an! Alles ist schiefgelaufen: offene Rebellion des Menschen gegen Gott, Unmenschlichkeit unserem Nächsten gegenüber, Korruption in höchsten Ämtern, wachsender Terrorismus, pflichtvergessene Eltern, Umweltverschmutzung, Energiekrisen, zerbrochene Familienbeziehungen... Nein, wir leben keineswegs in einer idealen Welt!

Die ideale Welt würde für jede Frau einen Mann haben. Aber was finden wir statt dessen? Die kürzere Lebenserwartung der Männer verringert zunächst einmal die Chancen für die Frauen. Und dann die Kriege! Allein der Vietnam-Krieg nahm Tausenden von jungen vietnamesischen Frauen den Mann. Welche Hoffnung haben sie nun noch für eine Ehe und Familie?

Aus anderen Gründen finden wir in den christlichen Gemeinden viel weniger junge Männer als junge Mädchen. Und die Mädchen behaupten, daß die wenigen jungen Männer dort nicht eben attraktiv seien.

Wir müssen uns mit der Tatsache abfinden, daß wir in einer unvollkommenen Welt leben, in der das Zahlenverhältnis Frau–Mann ungleich ist – zum Nachteil der Frauen.

Gottes Absicht für die Ehe

Wie kann eine ledige Frau oder ein lediger Mann Erfüllung im Leben finden, wenn sie doch – wie wir gesehen haben – für die Ehe bestimmt sind?

Lassen Sie uns zunächst feststellen, was Gott unter der Einheit von Mann und Frau versteht.

Gemäß 1. Mose 1 und 2 beabsichtigte Gott mit der Ehe die vollkommene Einheit von Mann und Frau für

das gemeinschaftliche Leben,
die Befriedigung männlicher und weiblicher Sexualität,
die Partnerschaft im Gebrauch und in der Nutzbarmachung der Umwelt und
die Erhaltung der menschlichen Rasse.

Doch heutzutage verwirklichen nur wenige Ehepaare diese Ziele. Statt dessen können wir eine immer größer werdende Zahl von Ehen beobachten, die eher einer Hölle auf Erden gleichen. Ich war erschrocken, als ich die Aussage eines Dozenten an einem Predigerseminar las: »Ich kenne neunundzwanzig unserer ehemaligen Studenten, deren Ehen gefährdet sind durch andere Frauen aus ihren eigenen Gemeinden.«

Eine unvollkommene Welt bringt nicht nur »alte Jungfern« und »kauzige Junggesellen« hervor; unglückliche und zerbrochene Ehen gehören auch dazu. Ledige Frauen sind manchmal sehr unrealistisch. Sie meinen, eine Heirat brächte ihnen automatisch Glück, Freude und die Erfüllung all ihrer menschlichen Wünsche. Weit gefehlt!

Gottes Wort lehrt auch nicht, daß die Ehe selbst das höchste Lebensziel ist. Jesus sagt: »Ihr irrt euch sehr und kennt weder die Schrift noch die Kraft Gottes. In der Auferstehung werden sie weder heiraten noch sich heiraten lassen, sondern sie sind den Engeln Gottes im Himmel gleich« (Matthäus 22, 29–30).

Jesu Aussage macht einiges klar (neben der Warnung, daß ein verliebter Jüngling seine Auserwählte einen »Engel« nennt; ein geschlechtsloses Wesen wäre ihm sicher nicht recht). Zunächst einmal ist die Ehe kein ewiger Zustand, obwohl sie die Persönlichkeit bleibend prägt. Sie ist eine wunderbare Einrichtung – für das zeitliche Leben.

Zweitens ist die Ehe ein Leben innerhalb des Lebens – eine spezielle, persönliche Einheit von zwei Menschenleben auf Erden in dem größeren Zusammenhang des ewigen Lebens. Genauso lebt auch die ledige Christin innerhalb dieses größeren

Zusammenhangs des ewigen Lebens. Gottes Volk – ledig oder verheiratet – lebt in diesem größeren, viel wirklicheren Leben vor Gott.

Drittens ist es dieses größere, ewige Leben, das uns in jeder Hinsicht die höchste Erfüllung gibt, und nicht die Ehe. Jesus Christus sagt: »Das ist das ewige Leben, daß sie dich, der du allein wahrer Gott bist, und den du gesandt hast, Jesus Christus, erkennen« (Johannes 17, 3).

So sehe ich auch mein Leben im Verhältnis zu dem ewigen Gott – und das allein zählt. Es kommt darauf an, wie verantwortungsbewußt ich mein irdisches Leben gestalte – verheiratet oder ledig – innerhalb dieses viel größeren Lebens, das meinem Leben erst seinen Wert und seine Erfüllung gibt. Worauf es Gott ankommt, ist nicht mein Familienstand, sondern was ich mit dem mache, was ich habe – und wie ich mich meinen Mitmenschen gegenüber verhalte.

Trotz des miserablen Zustandes, in den diese Welt geraten ist, wird Gott an seinen Absichten mit den Menschen nicht irre – weder was die gesamte Menschheit noch was die Ehen oder die Ledigen betrifft. Hebräer 2, 5–18 erklärt dies. Ich finde, diese Stelle verdeutlicht am klarsten, was die Bibel über das Menschsein Jesu sagt. Der Schreiber erklärt, daß Gottes »Plan A« – die Herrschaft des Menschen über diese Erde – zur Seite gelegt werden mußte, weil der Mensch unverantwortlich gehandelt hatte. Plan A wurde durch Plan B ersetzt: Jesu Herrschaft über diese Welt. Somit bekam die Menschheit eine zweite Chance. Gott ist immer noch souverän.

Das Thema der Bibel ist immer wieder Erlösung. Christen können die Unvollkommenheiten und Leiden dieser oft verzweifelten irdischen Existenz annehmen, weil sie wissen, daß es nur ein vorübergehender Zustand ist. Sie glauben, daß Jesus Christus durch seinen Tod und seine Auferstehung ihr Retter und Herr geworden ist – und das schließt Ehe genauso ein wie Ehelosigkeit. Dies ist auch der Grund, weshalb Christen als Nachfolger Jesu, ob verheiratet oder ledig, für ihren Herrn verfügbar sind. Sie bewegen sich auf das Ziel der Geschichte zu: die sichtbare Aufrichtung des Königreichs Jesu.

Drei Möglichkeiten

Es scheint mir, daß es drei Möglichkeiten gibt, für die sich eine ledige Frau entscheiden kann:

Erstens kann sie in einem ständigen Zustand zwischen erregter Spannung und niedergedrückter Enttäuschung leben. Wenn sie dem gütigen und liebenden Gott mißtraut, wird ihr Leben eine fortwährende und nerventötende Plage für andere. Damit schadet sie sich selbst; denn sie wirkt auf diese Weise überhaupt nicht anziehend, weder für Männer noch für Frauen, noch für Kinder.

Zweitens kann sie ihre Fraulichkeit verleugnen. Sie scheut sich dann, ihre sanfte, warme, empfindsame Seite zu zeigen. Sie verleugnet ihr weibliches Geschlecht und damit ihre schöpfungsmäßige Bestimmung. Diese unheilsame Ablehnung des Lebens führt zum vorzeitigen Dahinwelken oder zu einem verkrampften Leben ohne inneres Gleichgewicht.

Oder sie kann drittens ihren gegenwärtigen Stand als von Gott gegeben annehmen und darin Gottes Absicht sehen, ihr als Frau in dieser Weise wirkliche Erfüllung zu geben. Tatsächlich kann sie dieses Leben frei und glücklich in Gottes Hände zurücklegen. Das bedeutet keineswegs, niemals übers Heiraten nachzudenken oder alle Männer häßlich zu finden. Mit ihren Wünschen kann sie ganz ehrlich vor Gott sein. Er kann ihr sehr wohl die Ehe für später zugedacht haben. Aber was auch immer geschehen wird – sie verliert dabei nicht ihre Persönlichkeit.

Gottes Geschenk – Ledigsein

Gott möchte uns zeigen, daß auch Ledigsein ein Geschenk von ihm sein kann. Der Apostel Paulus ist dafür ein gutes Beispiel. Manche Frauen mißtrauen ihm. Sie meinen, er habe keine hohe Meinung von ihnen und der Ehe. Aber das kommt nur daher, weil sie seine Worte nicht sorgfältig lesen. Paulus schreibt:

»Ich wollte aber lieber, alle Menschen wären, wie ich bin (ledig); aber ein jeglicher hat seine eigene Gabe von Gott, einer so, der andere so... Ich wollte aber, daß ihr ohne Sorge wäret. Wer unverheiratet ist, der sorgt, was dem Herrn angehört, wie er dem Herrn gefalle; wer aber heiratet, der sorgt, was der Welt angehört, wie er seiner Frau gefalle.

Es ist ein Unterschied zwischen einer verheirateten und einer unverheirateten Frau. Die unverheiratete Frau sorgt um das, was dem Herrn angehört, daß sie heilig sei am Leib und auch am Geist, die verheiratete sorgt um das, was der Welt angehört, wie sie ihrem Mann gefalle« (1. Korinther 7, 7. 32–34).

Eine Gabe wird gegeben, damit man sie annimmt und sich darüber freut. Welch eine Beleidigung für den Geber, wenn wir die Gabe, die er uns mit Gedanken der Liebe zugedacht hat, kritisieren und beanstanden!

Während unseres Studiums machte meine Schwester mir zu Weihnachten ein Geschenk. In den Ferien hatte sie zwei Wochen gearbeitet, um das Geld dafür zu verdienen. Später erfuhr ich, daß sie jeden Pfennig gespart hatte, um eine kostbare, in Leder gebundene Bibel mit Anmerkungen zu kaufen, weil sie wußte, daß ich eine solche Bibel gut gebrauchen konnte.

Niemals erhielt ich ein Geschenk, das mit größeren Opfern verbunden war. Und doch war ich enttäuscht. Ich hatte mir einen neuen Mantel oder einen schicken Pullover gewünscht. Es dauerte aber gar nicht lange, bis ich diese Bibel zu gebrauchen wußte – zum Segen für mich selbst und auch im Dienst an anderen. Damit gewann dieses Geschenk für mich an Wert. Und auch die Liebe meiner Schwester wurde mir auf diese Weise noch kostbarer.

Genauso konnte ich es lange Zeit nicht einsehen, daß mein Ledigenstand ein Geschenk Gottes ist. Zwar war ich nicht ärgerlich darüber, aber in meinem jugendlichen Idealismus dachte ich: »Wenn ich mich fürs Ledigsein entscheide, tue ich Gott damit einen besonderen Gefallen.«

In späteren Jahren wurde diese Einstellung immer wieder getestet, bis ich entdeckte, daß Gott mir mit dem Ledigsein ein herrliches Geschenk gegeben hatte. Diese Erkenntnis war wie eine Befreiung. Jetzt begann ich erst richtig zu leben und entdeckte unbegrenzte Möglichkeiten für mein Leben. Anstelle des schulterzuckenden Sichdreinschickens, mit dem ich mein Ledigsein bisher meist versehen hatte, gab ich Gott nun alles mit Freuden zurück und stellte mich ihm ganz zur Verfügung. Er hatte seine weisen Absichten mit mir – und er ist mir nichts schuldig geblieben. Verschwenderisch hat er mich mit seiner Liebe und seinen reichen Schätzen überschüttet.

Damals begriff ich auch, was Jesus mit diesen Worten meinte: »Nicht jeder kann begreifen, was ich jetzt (in bezug auf die Ehe bzw. Ehelosigkeit) sage. Gott aber kann den Menschen hierfür das rechte Verständnis geben. Manche sind von Geburt an zeugungsunfähig; andere werden es im Laufe ihres Lebens. Und es gibt Menschen, die verzichten auf die Ehe, um Gott besser dienen zu können. Wer es versteht, der richte sich danach!« (Matthäus 19, 11–12.)

Die wichtigste Frage für Unverheiratete ist nicht: »Wie kann ich einen Mann (eine Frau) finden, um glücklich zu werden?« Die Frage lautet vielmehr: »Wie kann ich das Leben führen, das Gott mir in seiner Liebe zugedacht hat?«

Wie gesagt, das bedeutet keineswegs, daß wir die Hoffnung auf einen Ehepartner aufgeben müssen oder vor den Problemen des Ledigseins die Augen verschließen. Vielmehr sind wir uns dessen voll bewußt, daß unsere Sehnsüchte und alle Probleme, die mit dem Ledigsein verbunden sind, unter der Herrschaft eines liebenden, verständnisvollen Gottes stehen, der uns geschaffen hat und uns kennt.

3. Probleme der ledigen Frau

Mit den Problemen und Versuchungen, über die wir jetzt nachdenken wollen, haben nicht ausschließlich ledige Frauen zu kämpfen. Sie begegnen uns auch im menschlichen Leben ganz allgemein. Aber als Ledige müssen wir uns ihnen in besonderer Weise stellen.

Ich kann mich selbst nicht leiden

Das grundlegende Problem vieler lediger Frauen, das ihre Selbstachtung untergräbt, ist das Gefühl der Scham. Sie haben das Empfinden, die Männer seien an ihnen vorübergegangen, weil sie ihnen als Frau nicht begehrenswert erschienen. Deshalb beginnen sie, sich selbst häßlich zu finden und lehnen sich und ihr Frausein ab.

Vielleicht haben sie vergessen oder noch nie gewußt, daß Gottes liebevolles Verhalten nicht nur dem Volk Israel gegenüber gilt, sondern ihnen persönlich:

»Und nun spricht der Herr, der dich geschaffen hat, Jakob, und dich gemacht hat, Israel: Fürchte dich nicht, denn ich habe dich erlöst; ich habe dich bei deinem Namen gerufen; du bist mein!... Weil du so wert bist vor meinen Augen geachtet, mußt du auch herrlich sein, und ich habe dich lieb; darum gebe ich Menschen an deine Statt und Völker für deine Seele« (Jesaja 43, 1–4).

Wer von Gott angenommen ist, braucht sich nicht minderwertig zu fühlen. Sie und ich – wir sind Gott sehr wichtig. Wir dürfen uns vom Satan, der Welt oder den äußeren Umständen nichts Falsches einreden lassen.

Vielleicht liegt es an mir

Manchmal fühlt sich eine Frau auch regelrecht schuldig, wenn sie den Eindruck hat, von Männern nicht beachtet zu werden. Sie hat das vage Gefühl, etwas falschgemacht zu haben, und deshalb geschähe es ihr nur recht, wenn niemand etwas von ihr wissen will.

Diese Schuldgefühle mögen unbegründet sein, aber mit jedem Schuldgefühl muß man sich auseinandersetzen – ob es nun berechtigt oder unberechtigt ist. Solche Empfindungen zerstören nämlich die mitmenschlichen Beziehungen und auch die eigene Persönlichkeit der Frau. Die Vergebung, die Gott uns gewährt, erstreckt sich nicht nur auf die uns persönlich bewußten Sünden, sondern auch auf alles, was andere uns an Leid und Kummer zugefügt haben (vgl. Jesaja 53, 4–5).

Ich muß es doch schließlich wissen

Hin und wieder schaue ich sehr kritisch in den Spiegel. Manchmal bin ich ganz erschüttert über die harten Linien und Züge, die mein Gesicht zeichnen. Dann muß ich beten: »Herr, mache mich freundlich und umgänglich. Von Natur aus bin ich das keineswegs.«

Unser Selbsterhaltungstrieb mag uns dazu verleiten, uns zu verteidigen, wo es gar nicht nötig ist, unsere Entscheidungen und unseren Lebensstil trotzig zu rechtfertigen und uns ein Privatleben zu schaffen mit all den heimlichen Gewohnheiten und Eigenarten. Wir versuchen, uns auf diese Weise unantastbar, unnahbar und unverletzbar zu machen.

Es ist unvermeidlich, daß wir ledigen Frauen eine Unabhängigkeit und Entschiedenheit entwickeln, die Verheiratete nicht nötig haben, weil sie Entscheidungen zusammen mit ihren Männern treffen. Aber was vermeidbar wäre, ist die empfindliche Reizbarkeit und die schrille Stimme, die oft mit unserer weiblichen Unabhängigkeit einhergeht.

Jedesmal, wenn ich für einige Wochen oder Monate in ein Land reise, um unter Studenten zu arbeiten, habe ich mich den leitenden Männern dort unterzuordnen. In neun von zehn Fällen sind diese Männer jünger als ich. Aber ich glaube, daß das, was Petrus den Ehefrauen über Sanftmut schrieb, auch mir als lediger Frau in meinem Verhältnis zu Männern gilt. Ich sage nicht, daß es leicht ist – besonders da, wo die Kultur des jeweiligen Landes der Frau von vornherein eine bestimmte Rolle zuweist. In der westlichen Welt gibt es extrem »freiheitlich« gerichtete Strömungen, in anderen Kulturen haben die Frauen gerade erst ihren Schleier abgelegt. Doch in beiden Fällen gelten die biblischen Richtlinien für das Verhalten lediger und verheirateter Frauen.

Ob wir uns nun unterordnen, die Initiative ergreifen oder die Leitung übernehmen – immer gilt die Wahrheit aus 1. Petrus 3, 4: »...der verborgene Mensch des Herzens unverrückt *mit sanftem und stillem Geiste;* das ist köstlich vor Gott.«

Ich bin mein eigener Herr

Ein wichtiger Prozeß im Leben des Kindes ist die Selbstfindung. Aber wenn wir heranreifen, stellen wir fest, daß die Welt noch aus anderen Wesen besteht. In der Familie müssen auch die Bedürfnisse und Wünsche der anderen zu ihrem Recht kommen. Lebt jemand allein, dann besteht die Gefahr, daß er sich selbst zum Maßstab aller Dinge macht. Er muß auf niemanden Rücksicht nehmen, niemanden fragen, für alles ist er selbst zuständig. Die Wochenenden werden nach Belieben gestaltet, das Geld wird nach eigenem Ermessen ausgegeben und die Ferien werden ganz nach den persönlichen Wünschen geplant. Niemand ist da, den man um irgend etwas zu fragen braucht oder auf den man Rücksicht nehmen muß.

Es ist möglich, sich so sehr daran zu gewöhnen, Entscheidungen ohne Rücksicht auf andere zu treffen und sich nur nach den eigenen Wünschen zu richten, daß man denkt, es müsse immer auf diese Weise gehen. Wenn Unverheiratete mit anderen zusammenarbeiten sollen, haben sie es oft schwer, den Standpunkt des anderen anzuerkennen. Das kann so weit führen, daß man meint, jede Entscheidung, die nicht *mir* Vorteile bringt, müsse wohl verkehrt sein.

Keiner ist da, der einen so richtig versteht

Einsamkeit kann ein besonders heikles Kapitel für eine ledige Frau sein; gerade wegen ihrer Tendenz zur Ichbezogenheit auch in ihrem Lebensstil. Wenn sie mit Familienangehörigen oder mit anderen ledigen Frauen zusammenwohnt, kann das die Einsamkeit sogar noch verschlimmern. Tief innen hat sie das Gefühl, doch allein zu sein. Sie sehnt sich nach einem innigen Verhältnis zu nur einer Person, zu einem Ehemann, dem sie sich als Frau öffnen könnte – mit ganzer Hingabe und Zärtlichkeit.

Sie sollte aber wissen, daß die intime Gemeinschaft der Ehe in sich selbst kein Ziel ist. Kein Ehepartner kann im andern auf Dauer die Erfüllung seiner Sehnsüchte finden; beide benötigen gemeinsam noch höhere Ziele und Ideale außerhalb ihrer Ehe. Auf die gleiche Weise kann auch eine ledige Frau ihre Einsamkeit überwinden – indem sie sich für die Bedürfnisse ihrer Mitmenschen öffnet. Sie muß lernen, ihr Leben nach Werten zu gestalten, die außerhalb ihrer vier Wände liegen.

Sexualität

Bedürfnisse auszugleichen oder umzusetzen ist auf anderen Gebieten leichter als beim Sexualtrieb. Gerade hier gibt es heiße Kämpfe. Wenn diese Probleme nicht überwunden werden, kann daraus eine Bitterkeit entstehen, die zur Katastrophe heranwächst. Aber auch hier gilt: Gott hat unsere sexuellen Energien geschaffen; er weiß darum und versteht uns.

Wenn eine ledige Frau fähig wird, diese Tatsache für sich in Anspruch zu nehmen und in strenger Disziplin einzuüben, dann wird sie erleben, wie Schönheit und Lebenskraft ihre ganze Persönlichkeit erfüllt. Hierüber und über weitere Probleme und Versuchungen wird in den folgenden Kapiteln noch mehr gesagt werden.

Auf der Suche nach dem Idealmann

Ich arbeitete einmal für einen tüchtigen, aber sehr zerstreuten Rechtsanwalt. Ich mußte ihn jeweils dreimal erinnern, wenn er ein wichtiges Schriftstück unterschreiben sollte. Er tat es dann schließlich und sagte: »Ich wette, Sie denken, ich sei gewiß ein schrecklicher Ehemann.«

Weil er glücklich verheiratet war, wie jeder wußte, antwortete ich: »Dieser Gedanke ist mir noch nie gekommen.« Darauf meinte er: »O doch, ganz bestimmt. Jede Frau schätzt die Männer, denen sie begegnet, bewußt oder unbewußt nach ihren Vorstellungen von einem idealen Ehemann ein.«

Ich finde, er hatte nicht ganz Unrecht. Das Problem liegt für uns ledige Frauen darin, solche Tendenzen in unserer Einschätzung von Männern unter Kontrolle zu halten. Nur so werden wir nicht zu berechnend in unseren freundschaftlichen Beziehungen zum anderen Geschlecht.

Was wird aus mir?

Wenn eine unverheiratete Frau eine laute, lebhafte Familie besucht, dann mag sie heilfroh sein, daß sie nicht ständig in einem solchen Höllenlärm leben muß. Im stillen wird sie auch froh sein, sich nicht mit so einem stoffeligen Ehemann herumplagen zu müssen, über den sich ihre Freundin zuweilen beklagt. Wenn sie zudem sieht, welche Anforderungen ein turbulentes Familienleben an Gesundheit und Nervenkraft einer Frau stellt, dann mag sie sich zu ihrer stillen Wohnung gratulieren, wo ihr niemand mit Wünschen und Ansprüchen »auf den Wecker fällt«. Und sie mag auch froh sein, daß sie keine heranwachsenden Kinder hat, die mit ständig neuen Situationen und Gefahren konfrontiert werden – wie beispielsweise dem Alkohol oder freizügigen sexuellen Praktiken.

Aber sie wird sich wahrscheinlich trotz allem in gewissen sorgenvollen Augenblicken Gedanken darüber machen, ob ihre Zukunft nicht noch viel einsamer sein wird als die Gegenwart. Wer wird sich um sie kümmern, wenn sie alt ist? Wer wird ihr in ihrer Abgeschiedenheit Gesellschaft leisten?

Wer wird die Einsamkeit mit ihr teilen? Was wird passieren, wenn sie krank wird? Wo werden die erwachsenen Kinder sein, die sich um sie sorgen und sie besuchen?

Doch sollte nicht auch hier das Jesaja-Wort gelten: »Auch bis in euer Alter bin ich derselbe. Ich will euch tragen, bis ihr grau werdet. Ich habe es getan, ich will heben und erretten« (Jesaja 46, 4).

Ein heimlicher Liebhaber

Wir haben alle in unserem Freundeskreis Leute, die mehr oder weniger stark mit diesen Problemen und Versuchungen zu tun haben. Ich lernte einmal eine Dame kennen. Sie hatte beruflich eine gute Position, eine wirkliche Lebensstellung mit völlig gesicherter Existenz. Aber sie war unverheiratet, Ende dreißig und sehr unglücklich.

Wir sprachen lange und intensiv über dieses Problem – über sie selbst. Sie war sehr intelligent und fand zu jeder meiner Aussagen ein Gegenargument. Wir drehten uns in unseren Gesprächen ständig im Kreis. Sie wußte das, und ich wußte es auch.

Später dachte ich darüber nach, wie man solchen Menschen helfen könnte. Es war mir klar, daß es mit ein paar guten Ratschlägen nicht getan sein konnte. Als ich das Problem von allen Seiten bedachte, kam ich zu dem Schluß, daß vieles im Leben einfach nicht zu beantworten ist.

Am nächsten Tag reiste ich nach Bangkok. Wie gewohnt, besuchte ich sobald wie möglich die

Buchhandlung. Als ich eintrat, fiel mir sofort ein thailändisch gemusterter Seidenstoff auf. Das darauf geschriebene Motto fesselte mich: »In der Stille plant Gott in Liebe für dich.«

Genau das war die Antwort! In diesem Satz fand ich die Erklärung für das, worauf ledige Frauen oft keine Antwort finden. Dieser Satz stammt zwar nicht aus der Bibel, aber ich erinnerte mich vage an eine Stelle aus dem Buch Jeremia. Als ich nachsuchte, fand ich den Vers in Jeremia 29, 11: »Denn ich weiß wohl, was ich für Gedanken über euch habe, spricht der Herr: Gedanken des Friedens und nicht des Leides, daß ich euch gebe das Ende, des ihr wartet.« Andere Bibelausgaben übersetzen: »...um euch eine Zukunft und eine Hoffnung zu geben.«

Vor einiger Zeit hatte ich mir eine Bemerkung dazu an den Rand geschrieben: »Die Führung meines Lebens liegt Gott am Herzen.«

Aber diese neue Wahrheit »In der Stille plant Gott in Liebe für dich« sagte noch mehr aus. »Natürlich hat Gott seine stillen Pläne der Liebe für die Ledigen genauso wie für die Verheirateten«, dachte ich.

Gewöhnlich verbindet man Liebe und Geliebtwerden nicht mit unverheirateten Erwachsenen. Vielleicht liegt das daran, daß manche von uns weder liebevoll noch liebenswürdig sind! Doch Gottes Empfinden für uns ist leidenschaftliche Liebe. Ledige sind ihm geradeso wichtig wie Verheiratete. Und seine Pläne für sie sind genauso fürsorgend und liebevoll. Gott macht niemals einen Fehler – bei niemandem!

4. Glücklich und nützlich

Was ist Gottes Wunsch für seine Kinder? Die Antwort auf diese Frage erhielt ich von meiner Mutter, noch bevor sie mit zweiundsiebzig Jahren zum persönlichen Glauben an Christus kam. Wir neun Kinder fanden es immer schwierig, passende Geschenke für sie zu finden. Sie lebte sehr einfach und hauptsächlich um das Wohl der Familie bemüht, und alles, was zum Hausstand gehörte, machte ihr Freude. So kauften wir meistens etwas, was *wir* fürs Haus nett fanden. Doch einmal, vor Muttertag, beschlossen wir, unsere Mutter zu fragen, was sie sich wirklich persönlich wünschte.

Ihre Antwort: »Das einzige, was sich eine Mutter wünscht, ist, daß ihre Kinder glücklich und nützlich sind.«

Eine ledige Frau, die weiß, daß sie zu Jesus Christus gehört, hat viel mehr Möglichkeiten, glücklich und nützlich zu sein, als ihre nichtchristliche Kollegin. Nicht nur, wenn es darum geht, ihre Probleme und Versuchungen zu überwinden, sondern auch, um in all ihren Verpflichtungen frohe und nützliche Möglichkeiten zu sehen, ihrem Herrn zu dienen. Wenn sie es bis jetzt noch nicht gelernt hat, aus dieser Haltung zu leben, dann sollte sie schleunigst damit beginnen.

Religion als Ersatz für einen Ehepartner?

Ich erinnere mich, daß ein Bekannter einmal spöttisch bemerkte: »Die Nonnen behandeln Jesus, als wäre er der Ersatz für einen Ehemann.« Was er offensichtlich nicht verstanden hatte, war, daß unsere Spiritualität oft so mit unserer Sexualität verbunden ist, daß man diese beiden Dinge nur schwer voneinander trennen kann.

Als ich einmal von Rom nach München flog, machte ich die Bekanntschaft einer attraktiven und geistvollen Nonne. Sie teilte mir mit, daß dies ihr erster Besuch in Deutschland sei, nachdem sie dreißig Jahre als Missionarin gearbeitet hatte. Kein Wunder, daß sie sehr aufgeregt war!

Ich war beeindruckt, wie sehr diese Frau Christus liebte und ihm glücklich und mit Freuden diente, selbst als sie während des Krieges auf den Philippinen in einem feindlichen Lager inhaftiert war. Wir unterhielten uns über unseren Glauben an Jesus Christus und über unser Leben in der Nachfolge. Dann zeigte sie mir ihren einfachen goldenen Ring, der auf der Innenseite die Inschrift trug: »Verbunden mit Christus.«

Ich habe bei dieser Nonne keine Spur Überspanntheit festgestellt. Sie war von erfrischender menschlicher Natürlichkeit.

Auch wir sollten uns in keiner Weise schämen, Christus von Herzen zu lieben. Diese Liebe bleibt nicht auf unseren Verstand begrenzt oder auf unseren Willen, sondern sie kommt von ganzem Herzen und von ganzer Seele.

Offen für andere

Jeder Mensch braucht menschliche Gemeinschaft. »Es ist nicht gut, daß der Mensch allein sei« (1. Mose 2, 18). Gemeinschaft bedeutet aber nicht, daß man nun unbedingt einen Ehepartner hat, sondern Gemeinschaft kann man mit allen möglichen Freunden haben, von denen man weiß, daß sie einen brauchen und daß man sie ebenfalls braucht. Kein einzelner Mensch kann allein alle unsere Bedürfnisse befriedigen – auch nicht unsere beste Freundin oder unser Freund, selbst der »perfekte Ehemann« nicht oder »die ideale Ehefrau«. Deshalb hat Gott uns die Möglichkeit gegeben, mit vielen unterschiedlichen Menschen in Kontakt zu kommen – und deshalb hat er die Menschen auch alle so verschieden geschaffen.

Jemand mag für uns intellektuell sehr anregend sein, aber gefühlsmäßig ist er völlig »unterkühlt«. Ein anderer ist sehr lustig, und es macht Spaß, mit ihm zusammenzuarbeiten – aber manchmal geht er uns auf die Nerven. Und wieder eine andere Person mag uns viel Trost und Verständnis entgegenbringen, aber sie ist nicht fähig, uns zu ermahnen oder zu korrigieren.

Freundschaften werden niemals entstehen, wenn wir immer nur zu Hause sitzen und unser Selbstmitleid pflegen. Wir müssen dahin gehen, wo Menschen sind – und müssen uns ihnen widmen.

Für solche unter uns, die sehr schüchtern sind, mag das schwierig sein, jedenfalls am Anfang. Aber es ist notwendig, um wirklich Mensch sein zu können. Es wird schon fast zuviel darüber gesprochen, wie sehr es darauf ankommt, sich selbst zu verstehen, sich selbst anzunehmen, sich selbst zu lieben. Das können wir aber nicht ohne die anderen. Wir werden nur dann herausfinden, ob wir ganz zu uns selbst stehen, wenn wir auch den anderen annehmen und uns auf ihn einlassen.

Auch unsere eigenen Familienangehörigen dürfen wir nicht abweisen. Es spielt keine Rolle, wie »unmöglich« sie sind. Schließlich sind sie die einzigen, die wir wirklich haben. Hinter alle anderen Beziehungen ist ein Fragezeichen zu setzen, wenn wir kein gutes Verhältnis zu unseren engsten Angehörigen haben. Selbst wenn wir von ihnen oft schmerzlich verletzt worden sind und ihnen lieber aus dem Wege gehen und sie vergessen möchten, so können wir uns das doch nicht leisten. Zu viel ist durch sie in unser Leben geflossen, als daß wir sie links liegenlassen könnten.

Dies gilt gerade auch im Blick auf unsere Eltern. Gott möchte uns gern helfen, die Kluft zu überbrücken – ganz gleich, ob es sich um Altersunterschied oder Lebensstil handelt. Einige von uns müssen es ernsthaft lernen, sich ihren Angehörigen neu zu schenken.

Freude an Kindern

Die Geschichte berichtet von einem weisen Mann, der sich nie sonderlich nach den Erwachsenen umschaute, wenn er die Straße entlangging. Aber jedesmal, wenn er einem Kind begegnete, zog er respektvoll seinen Hut. Er erklärte das so: »Ich weiß, wer die Erwachsenen sind. Aber wer weiß, was aus einem Kind werden wird!«

Glücklich der Mensch, der Nichten und Neffen hat! Ich habe viele Familien kennengelernt, in denen eine unverheiratete Tante eine große Rolle spielte. In einem Fall teilte diese ihre Freizeit und ihr Einkommen so ein, daß immer etwas übrig blieb für die Familien ihrer verheirateten Geschwister. Sie hatte dies als Aufgabe von Gott erkannt.

Nach mehr als fünfundzwanzig Jahren herrscht in dieser Familie eine so herzliche und warme Atmosphäre, wie man sie nur selten antrifft. Und mehr noch: Einer nach dem anderen in dieser Familie, der bisher kein christliches Leben geführt hatte, wurde Christ. Meine Freundin hat nicht mehr Freizeit als andere berufstätige Frauen, aber sie teilt sich ihre Zeit gut ein, um für diese Familien zu beten und für sie dazusein.

Auch für die Eltern ist es oft eine große Erleichterung und Hilfe, wenn sie von Zeit zu Zeit auf einen zuverlässigen Babysitter zurückgreifen können. Allerdings sollte man Kinder nicht zu Missionsobjekten machen. Wenn wir nicht aufrichtig sind, merken sie das sowieso bald. Kürzlich war ich bei einer befreundeten Familie, als der fünfjährige Sohn aus dem Kindergarten nach Hause kam. Seine Mutter fragte ihn, wie ihm die neue Kindergärtnerin gefalle. Seine Antwort: »Sie lächelt immer, aber sie mag uns überhaupt nicht.«

Mit wem bleiben die Kinder auch gern mal über Nacht allein? Es muß jemand sein, der dafür bekannt ist, Spaß zu machen und Spaß zu verstehen. Eine »Tante«, die Geschichten vorlesen oder erzählen kann, so daß den Kindern Augen und Mund offenstehen, eine, die Lieder mit den Kindern singt und sich besondere Spiele ausdenkt, bei denen alle mit Begeisterung mitmachen können, eine solche »Tante« ist begehrt und jederzeit willkommen.

Die zweiten Mütter

Ich aß einmal bei einer Familie zu Mittag, als der sechsjährige Bennett zum erstenmal aus der Sonntagsschule nach Hause kam. Neugierig fragte er seine Eltern: »Was hat Jesus für eine Telefonnummer? Ich möchte so gern mit ihm sprechen.«

Offensichtlich rührte diese Frage von dem Unterrichtsstil des Sonntagsschullehrers her, der es verstanden hatte, den Kindern Jesus so anschaulich vorzustellen, daß sie ganz begeistert waren. Er mußte erfaßt haben, wie man Kinder richtig ansprechen kann.

Die besten »Mütter«, die ich kennenlernte, waren gar nicht immer die leiblichen Mütter. Es gibt viele kinderlose Frauen, die sich für hilfesuchende junge Leute aufopfern. Teenager, die sich von ihrem Elternhaus lösen, brauchen von anderer Seite Rat, Trost und Begleitung. Wenn sie auch die Autorität der Eltern ablehnen, so sehnen sie sich doch nach anderer, verständnisvoller Autorität. Sie wird akzeptiert.

Ledige mögen diesen jungen Leuten oft innerlich näherstehen, als es die eigenen Eltern können. Und manchmal stehen wir ihnen auch geistlich viel näher; vor allem, wenn die Eltern keine Christen sind. So haben wir eine enorme Verantwortung.

Im Neuen Testament finden wir diese »Elternschaft« auch schon erwähnt. Die Apostel bezeichneten die Glieder der örtlichen Gemeinden häufig als ihre »Kinder«. So fühlte sich der Apostel Paulus den jüngeren Mitarbeitern Titus und Timotheus gegenüber wie ein »Vater«. Kinder zu erziehen ist eine schwerwiegende und ernsthafte Angelegenheit. Wir haben dabei alle Hände voll zu tun und keine Zeit mehr, uns überflüssig zu fühlen.

Immer bereit, Neues zu entdecken

Ich wundere mich jedesmal, wenn ich gelangweilte Leute treffe. Das Leben ist doch überall so interessant – sei es die Natur oder seien es die Menschen. Und trotzdem langweilen sich manche! Es gibt so unendlich viel Spannendes auf dieser Welt, was man lernen und kennenlernen kann. Das Leben ist viel zu kurz, um all die kostbaren Möglichkeiten auszuschöpfen, die Gott uns überall in den Weg stellt.

Der Befehl, den Gott dem ersten Mann und der ersten Frau gab, war eine Aufforderung zum Herrschen: »Seid fruchtbar und mehret euch und füllet die Erde und machet sie euch untertan und herrschet über die Fische im Meer und über die Vögel unter dem Himmel und über alles Getier, das auf Erden kriecht« (1. Mose 1, 28).

Aber das ist noch nicht alles. Denken Sie an den Schluß des großartigen Gleichnisses von den anvertrauten Talenten in Matthäus 25, 14–30: »Da sprach sein Herr zu ihm: Du frommer und treuer Knecht, du bist über wenigem treu gewesen; ich will dich über viel setzen; gehe ein zu deines Herrn Freude!«

Wir können die wirklichen Freuden des Menschseins überhaupt nicht in ihrer ganzen Fülle genießen und ausschöpfen, wenn wir nicht Gottes reiche Gaben in Anspruch nehmen.

Deshalb müssen wir auch immer neue Interessen und Hobbys entwickeln, um unseren Horizont zu erweitern und auf diese Weise fähig zu werden, noch mehr zu empfangen. Wir müssen uns auch ständig für Menschen interessieren, so verschieden sie sind. Wir sollten wissen, was um uns her passiert, und immer neue Ideen entwickeln und anwenden.

Das gehört alles zum Leben in Gottes großer, wunderbarer Welt. Das sollten wir erkennen, bevor wir in die andere Welt hinübergehen. Sonst könnte uns der Himmel unter Umständen erschrecken.

Wir dürfen auch nicht fest an unserer beruflichen Karriere kleben. Eines Tages wird sie sowieso zu Ende sein. Was werden wir dann noch haben? Was wird übrigbleiben? Jetzt ist die Zeit, um alle Möglichkeiten auszuschöpfen, um offen zu sein für das pulsierende Leben.

In allen Ländern, die ich besuchte, haben mich die ledigen Missionarinnen am meisten beeindruckt. Sie sind die lebendigsten und kreativsten

Menschen, die mir je begegnet sind. Man kann spüren, was sie für ihre Umwelt bedeuten. Sie bringen Hilfe in Jesu Namen.

Wenn ich sie beobachte, werde ich angeregt zu einem abenteuerlichen Leben. Sie setzen alle ihre seelischen und körperlichen Kräfte ein, um die verzweifelten, trostbedürftigen Menschen ihrer Umgebung zu ermutigen und aufzurichten, sie zu verstehen und anzunehmen. Sie warten nicht darauf, daß das Leben zu ihnen kommt. Sie gehen hinaus und begegnen dem Leben mit einem herzlichen Willkommen. Kein Wunder, daß sie so überzeugende, angenehme Menschen sind!

Im letzten Jahr hatten wir einmal nach einem monatelangen Einsatz im Leitungsteam einer Studentenbewegung eine Zeit der Entspannung. Der Höhepunkt eines Bunten Abends war ein indonesischer Volkstanz, den eine Missionarin vorführte. Was mich daran so faszinierte, war nicht nur, daß sie wie ich aus Großbritannien kam, sondern daß sie trotz einer leichten körperlichen Behinderung keine Spur von Minderwertigkeitsgefühlen zeigte. Sie tanzte mit Grazie und Charme und erhielt spontanen Beifall mit der Bitte um Zugabe. Ich zweifle nicht daran, daß diese Natürlichkeit und die Aufgeschlossenheit für andere einer der Gründe ist, die ihren Verkündigungsdienst innerhalb der Gruppe so gut ankommen lassen.

Danken Sie Gott; Sie sind normal!

Wenn Sie den Eindruck haben, daß Sie von Ihren

sexuellen Wünschen überrumpelt werden, dann danken Sie Gott dafür, daß Sie ein ganz normaler Mensch sind. Der Sexualtrieb ist jedem Menschen »eingebaut«, um sich positiv auf alle Lebensgebiete auszuwirken. Isolieren Sie diese sexuellen Kräfte nicht von den anderen Kräften des Lebens. Es ist gefährlich, seinen Geist, seine Gedanken und Gefühle fortwährend mit Einzelheiten aus dem Liebesleben zu füttern – ganz gleich, auf welche Weise. Besonders gefährlich sind auch die Tagträumereien, während man noch im Bett liegt, wie auch die Selbstbefriedigung, die zu einer zügellosen Phantasie und schließlich zur Einsamkeit führen kann.

Es ist eine große Hilfe, auf der Grundlage von 1. Korinther 10, 13 konkret zu beten: »Herr, du hast mich geschaffen. Deshalb verstehst du auch, was ich jetzt durchmache. Hilf mir, meine Sexualität anzunehmen und ihre Bedeutung zu erkennen. Du hast gesagt, daß du uns in keine Anfechtungen und Probleme kommen läßt, die über unsere Kraft gehen. So nehme ich das ernst, was du gesagt hast: daß du mit der Versuchung so ein Ende machst, daß ich es ertragen kann.«

Eine große Hilfe, Ablenkung in sexuellen Anfechtungen zu finden, ist, sich körperlich zu betätigen – durch praktische Arbeit, Sport, Gymnastik usw. Ich halte das für sehr wichtig. Abgesehen davon verhilft Sport, Gymnastik und körperliche Arbeit auch zu allgemeinem gesundheitlichen Wohlbefinden.

Natürlich liegt Sport nicht allen. Mir auch nicht. Schon bei dem Gedanken daran werde ich müde. Wenn ich dann aber doch aktiv geworden bin, fühle ich mich nachher um so wohler. Das Blut zirkuliert warm durch meine Adern, und die Muskeln haben bewiesen, was sie können. Der ganze Mensch fühlt sich wie neu geboren.

Persönlich liegen mir geistige Dinge mehr, aber ich sehe auch, wie nötig körperliche Bewegung ist. Paulus schreibt in 1. Korinther 6, 19–20: »Oder wißt ihr nicht, daß euer Leib ein Tempel des heiligen Reistes ist, der in euch ist, welchen ihr habt von Gott, und seid nicht euer selbst? Denn ihr seid teuer erkauft; darum so preiset Gott an eurem Leib und in eurem Geist, welche sind Gottes.«

Mein ausgefallener Beruf, der ein unruhiges Reiseleben von einer Stadt zur anderen, von einem Land ins andere mit sich bringt, erlaubt mir nicht, an einem regelmäßigen Sportprogramm teilzunehmen. Aber selbst bei meinem unregelmäßigen Leben versuche ich, Zeit und Gelegenheit zu finden, mich körperlich zu betätigen. Zum Beispiel mache ich Gymnastik und Entspannungsübungen auf dem Fußboden – alles, was mir noch von meiner Schulzeit her in Erinnerung geblieben ist. Aber in den meisten Städten gibt es Sportvereine und Gymnastikkurse, besonders auch im CVJM und in anderen Jugendorganisationen oder an Volkshochschulen. Wenn es bei Ihnen nichts dergleichen gibt, dann tun Sie sich doch mit einigen anderen zusammen und fangen Sie selbst so etwas an. Sie werden erstaunt sein, wieviel Freude das macht.

In Hongkong haben einige ledige Leute einen »Berg- und Wassersport-Club« gegründet. Er erfüllt nicht nur den Zweck der körperlichen Entspannung, sondern bietet viele gute Möglichkeiten zu einem Zeugnis für Christus.

Und schließlich war es mir eine enorme Hilfe zu wissen, daß Jesus, der ja auch ganz Mensch war, mit den gleichen körperlichen Problemen zu tun hatte wie wir. Wenn ich mich angefochten fühle und Mitleid mit mir selbst auf diesem Gebiet habe, dann frage ich mich: Wie sind die Junggesellen Jesus oder Paulus wohl mit diesem Problem fertiggeworden? Sie setzten ihre Leidenschaften um in leidenschaftliche Hingabe an Gottes Königreich und an die Menschen.

Weiblich oder fraulich?

Wie man mit diesen körperlich-seelischen Problemen schon in jungen Jahren fertig wird, ist entscheidend für die seelische Gesundheit in späteren Jahren. Und wenn Gott einem dann doch noch einen Ehepartner zuführt, wird man eine bessere Ehe führen, wenn man sie mit einer gesunden Einstellung zu sich selbst und zu seiner Sexualität beginnt.

In jedem Alter muß eine ledige Frau sich selbst als von Gott geschaffen annehmen – mit ihrer Geschlechtlichkeit. Sie ist nicht geschlechtslos, nur weil sie nicht verheiratet ist. *Sex* hat es zu tun mit dem andersgeschlechtlichen Partner. *Sexualität* hat zu tun mit unserer ganzen Persönlichkeit als Mann oder Frau. Sexualität hat Auswirkungen auf die Art und Weise, wie wir uns anderen gegenüber verhalten. Unsere Sexualität entscheidet auch darüber, wie warmherzig, verständnisvoll, positiv wir sind, wenn wir mit anderen Menschen zu tun haben – ganz gleich, ob es sich um Frauen, Kinder oder um einen Mann handelt.

In unserer Studentenarbeit habe ich oft mit begehrten jungen Männern zu tun. Vor einigen Jahren lernte ich einen kennen, der ständig umringt war von Sekretärinnen, Assistentinnen und Mitarbeiterinnen, von allen Seiten umschwärmt und von vielen Eltern dieser jungen Damen mit ernsten Absichten eingeladen. Ich war etwas besorgt um ihn und gab ihm den Rat: »Es gibt hier so viele nette christliche Mädchen. Treffen Sie bald die richtige Entscheidung!«

Empört antwortete er: »Sie sind alle weiblich, aber keine von ihnen ist wirklich fraulich. Alle sind darum bemüht, hübsch auszusehen, aber keine legt Wert darauf, eine Frau zu sein.«

Kürzlich heiratete er eine »wirkliche« Frau, die zudem noch sehr attraktiv ist.

Seien Sie Männern gegenüber positiv eingestellt

Ich bin sicher, daß andere Frauen andere Ratschläge parat haben, wie man ohne Hintergedanken gute Beziehungen zu Männern pflegen kann. Ich kann Ihnen nur die mitteilen, die mir selbst geholfen haben.

Erstens versuche ich, jeden Mann – ganz gleich, ob er jung oder alt ist, begehrenswert oder nicht – als meinen Mitmenschen anzusehen. Er gehört

Gott, selbst wenn er noch kein Christ ist, und hat nicht meinen Zwecken zu dienen. Es steht mir nicht an, ihn für meine Wünsche gebrauchen und ihn für mich gewinnen zu wollen.

Zweitens bemühe ich mich, diese Männer genauso zu behandeln wie meine beiden Brüder. Ich respektiere sie und höre ihnen gern zu, wenn sie auf ihre Weise über ihre Angelegenheiten reden. Es gefällt mir, wenn sie mich in ihrer netten Art liebevoll behandeln. Aber ich bin auch nicht enttäuscht, wenn sie mir gegenüber einmal nicht besonders aufmerksam sind. (Ich benehme mich auch nicht immer wie eine Dame.) Ich bemühe mich, ihnen ein guter Freund zu sein und sie so anzunehmen, wie sie sind.

Zugegeben, all dies ist bei leiblichen Brüdern nicht besonders schwer. Aber bei einem Mann, mit dem man ganz gern sein Leben gemeinsam verbringen möchte, sieht die Sache anders aus. Auch wenn es nahezu unmöglich erscheint, so bleibt uns doch gar nichts anderes übrig, als ohne Hintergedanken völlig natürlich und frei zu reagieren. Sonst werden wir den Eindruck einer »Zicke« oder einer »alten Jungfer« machen – oder eines weiblichen Wesens, das sich wie ein Habicht auf die Männer stürzt.

Wir sollten beten, daß Gott unsere Gefühle unter seine Kontrolle bekommt und daß unsere Beziehungen zu Männern in jedem Fall von ihm geleitet werden, damit die Ergebnisse in jeder Beziehung angenehm sind.

Mit großer Sorgfalt und Diskretion kann und soll eine ledige Frau eine wirkliche Frau für die

Männer um sie her sein. Sie mag die Rolle einer Schwester oder einer Mutter, einer Helferin oder einer Freundin spielen, ohne auch nur in Gedanken eine Romanze daraus zu spinnen. Möglicherweise ist das nicht alles, was sie möchte, aber in dieser Rolle wird sie weitaus glücklicher sein, als wenn sie im Selbstmitleid einsam ihren Weg geht. Und ein solches Verhalten kann dann unter Umständen leichter zu einer Freundschaft und Heirat führen, als wenn der Wunsch danach offensichtlich jede Begegnung mit dem anderen Geschlecht bestimmt.

5. Freundschaft mit Verheirateten

Ich habe gehört, daß auch Junggesellen entmutigt und deprimiert sein können; sogar ganz berühmte, wie zum Beispiel der Apostel Paulus. Sein Freund Lukas berichtet von einer solchen Situation in Apostelgeschichte 18, 1–11. Das geschah in Korinth.

Paulus hatte schon eine Zeit der Versuchung hinter sich, bevor er nach Korinth reiste. Er kam von Athen, wo ihn die Philosophen ausgelacht hatten. Vorher war er schon nach ähnlichen Erfahrungen aus Philippi, Thessalonich und Beröa ausgewiesen worden. Und jetzt, wo er sich aufrichtig bemühte, das Evangelium in die moralisch heruntergekommene Hafenstadt Korinth zu bringen, begegnete ihm der gleiche Widerstand.

Obwohl er auch erlebte, daß einige Leute sich zu Christus bekehrten, scheint es doch, als ob Paulus sehr entmutigt war und um sein Leben fürchtete. Denn als der Herr in einer Vision zu ihm sprach, waren die ersten Worte: »Fürchte dich nicht, sondern rede und schweige nicht! Denn ich bin mit dir, und niemand soll sich unterstehen, dir zu schaden . . .« (Apostelgeschichte 18, 9–10).

Aber nicht nur der Herr war bei ihm. Es ist interessant zu sehen, daß der Herr ihm auch eine hilfreiche und ermutigende menschliche Freundschaft schenkte: das Ehepaar Aquila und Priscilla. Diese erwiesen sich als wirkliche Freunde für Paulus. Er konnte sich auf sie verlassen, mit ihnen zusammen leben und arbeiten. Es waren Leute, die sich vom Geist Gottes leiten ließen und im Einsatz für andere Menschen standen (Apostelgeschichte 18, 3. 24–28).

Paulus, dieser mutige und kühne christliche Pionier, hatte den Trost und die Ermutigung seiner Mitmenschen nötig. Er brauchte Menschen, wie Menschen ihn brauchten. Barnabas, der weitherzige Mitarbeiter, und wahrscheinlich auch Lukas, der Arzt, halfen dem Apostel Paulus, als er vor schwierigen Entscheidungen stand und Weisung für seinen Dienst brauchte. Aber selbst auf die jungen Männer und ihre menschliche Nähe wollte Paulus nicht verzichten, auf Timotheus, Titus, Johannes Markus und andere.

Gespräche und Aktionen

Als Ledige müssen wir freundschaftliche Beziehungen zu ganz unterschiedlichen Menschen entwickeln, zu verheirateten ebenso wie zu unverheirateten. Viele sehnen sich geradezu danach, ihre Probleme einmal aussprechen zu können. Das kann nicht heißen, daß solche Gespräche dazu dienen, sich zu beklagen, bedauert zu werden oder den anderen »auf den Wecker zu fallen«. Aber man sollte ganz »man selbst« sein und über jedes Thema reden können, so wie man es aus seiner persönlichen Sicht sieht, ohne sich dabei den anderen überlegen zu fühlen, allzu gehemmt zu sein oder gar rechthaberisch zu werden.

Ich habe verschiedene ledige Freunde gefragt, worauf es ihnen im Umgang mit verheirateten Leuten ankommt. Hier sind einige Antworten:

»Sie sollten uns nicht bedauern oder uns das Gefühl geben, wir würden etwas versäumen.«

»Ich wünschte, sie würden nicht davon ausgehen, wir könnten in manchen Fragen nicht mitreden.«

»Ich liebe es nicht, wenn sie uns nur als Ledige, nicht aber einfach als Menschen behandeln.«

»Warum denken sie alle, wir fühlten uns betrogen und unausgefüllt?«

»Es wäre mir lieb, sie würden in meiner Gegenwart weniger miteinander herumschmusen.«

»Es wäre schön, wenn sie mich ganz in ihre Unterhaltung einbeziehen würden, auch über Themen, die ihre Familie und ihre Kinder betreffen – und mir nicht nur so nebenbei ein paar Worte gönnten.«

»In unseren Gemeinden werden die Verheirateten immer stillschweigend von den Ledigen getrennt, weil davon ausgegangen wird, daß wir unterschiedliche Probleme haben. Ich glaube das nicht.«

»Mir ist es leid, immer nur mit Ledigen zusammen zu sein. Es würde mir Spaß machen, hin und wieder mit einem Ehepaar oder mit einer Familie einen Ausflug zu machen.«

»Ich würde gern einmal eine junge Familie kennenlernen. In meiner eigenen Familie sind nur ältere Leute.«

Es ist wichtig, betend darüber nachzudenken, was man tun kann, um diesen Wünschen gerecht zu werden. Man könnte z. B. in einer Gemeinde ein kleines Team bilden, mit dem man gemeinsam etwas unternimmt; etwas völlig anderes, was auch wirklich Spaß macht. Und dann sollte man sich immer wieder etwas Neues einfallen lassen, auch anregende Dinge aus dem kulturellen Bereich.

Mit anderen Worten: Ob Sie ledig oder verheiratet sind – beginnen *Sie* und entwickeln *Sie* Initiative! Planen Sie doch einmal ein schönes Picknick. Öffnen Sie ihre Wohnung für gemeinsames Bibelstudium. Lassen Sie sich etwas Originelles einfallen, und tun Sie etwas! Backen Sie doch einmal einen Kuchen und überraschen Sie jemanden mit einem unverhofften Besuch.

Die Adoptiv-Tanten

Es ist wichtig, Freundschaften mit anderen zu pflegen. Eine sehr beschäftigte Dame, deren Mann eine hohe Position als Seniorchef innehatte, erzählte mir einmal: »Unsere Kinder haben hier in der Stadt keine Verwandten. So ›adoptierten‹ Harold, mein Mann, und ich eine Tante für unsere Kinder. Ich kenne diese ledige Dame noch aus der Zeit meines Studiums. Sie hat ihre eigene Wohnung, aber immer wenn sie Lust hat, kommt sie zu uns zum Essen, und sie wird zu allen Familienfesten eingeladen. Für die Kinder ist sie inzwischen eine ›richtige‹ Tante, und sie wiederum behandelt die Kinder wie ihre eigenen Nichten und Neffen – mit allem, was dazugehört. Es ist ein großes Geschenk, und wir haben viel Grund, Gott dafür zu danken.«

Ich kenne einige andere junge christliche Familien, die das gleiche taten. Sie haben ungläubige Verwandte, deren Einfluß auf die Kinder in geistlicher Hinsicht nicht gut ist. Deshalb adoptierten sie noch zusätzlich christliche »Tanten« für ihre Kinder. Aber nicht nur für die Kinder, sondern – wie eines der Ehepaare sagte – »auch für uns Eltern«.

Auf einer Reise in die Vereinigten Staaten wohnte ich bei einer Familie. Wie überrascht war ich, als ich ankam und nicht von den Eltern, sondern von den Kindern begrüßt wurde. Die Eltern waren gerade im Urlaub. Meine (ledige) Freundin hatte die Rolle der »Tante« während dieser Urlaubszeit übernommen und versorgte den Haushalt. So konnten die Eltern zum erstenmal ohne Kinder verreisen – was ihnen gewiß einmal guttat.

Ich war fasziniert, als ich beobachtete, wie meine Freundin den Haushalt versorgte und dabei noch wie gewöhnlich jeden Tag zur Arbeit ging. In den Zwischenzeiten kümmerte sie sich liebevoll um die Kinder, besprach mit ihnen die Hausaufgaben, bestrafte sie auch wo nötig, aber immer nahm sie die Kinder ernst wie Erwachsene. Sie verstand es keineswegs als Opfer, so selbstlos zu handeln. Es war ein ganz normaler Teil ihres Lebens in der Nachfolge Jesu Christi.

Heiratsvermittler

Manchmal wollen verheiratete Freunde besonders nett zu uns sein, wenn sie sagen: »Nicht so schlimm, es gibt immer noch Hoffnung. Maria hat kürzlich geheiratet, und sie ist schon fast vierzig!«

Sie meinen offenbar, daß man nur in der Ehe ein wirklich erfülltes Leben führen könne. Sie müßten es als Verheiratete eigentlich besser wissen. Trotzdem meinen sie, eine Frau sei unausgefüllt und bedauernswert, solange sie keinen Mann hat. Ein Christ sollte über solche Dinge wirklich besser Bescheid wissen. Gott denkt niemals so über die Ledigen!

Aber was soll man nun von Leuten halten, die den Ledigen so gern helfen möchten, »echte« Heiratschancen zu bekommen, und die sich liebevoll darum bemühen, daß in ihrem Haus die passenden Leute zusammenfinden?

Nun, im Grunde ist daran gar nichts auszusetzen. Es ist eine gute Idee. Aber vergewissern Sie sich, daß dabei auch wirklich gute Gespräche zustandekommen und daß auch interessante Dinge gemeinsam unternommen werden. Sonst kann solch eine »Vermittlung« nur peinlich werden.

Gerade in der vergangenen Woche traf ich in Singapur zum erstenmal den glücklichen Ehemann einer Freundin aus Neuseeland, die ich schon viele Jahre nicht mehr gesehen habe. Sie hatten sich bei einer befreundeten Familie kennengelernt. Er sagte: »Es gefiel mir, wie sie mit den Kindern spielte. Und dann kam ein eigenartiger neuer

Gedanke in meinen Sinn: So würde ich mir meine Frau vorstellen.«

Die berufstätige Frau und männliche Kollegen

Kaum eine Frau hört es gern, wenn ihr Mann zu Hause öfter begeistert von einer tüchtigen Kollegin spricht. Es muß gar nicht sein, daß die Kollegin unbedingt einen besonderen erotischen Reiz auf den Mann ausübt. Er schätzt ihre berufliche Fähigkeit, ihre Intelligenz und Mitarbeit. Besonders wenn die Ehefrau sich ihrem Mann nicht ebenbürtig fühlt, wird sie trotzdem leicht eifersüchtig sein. Sie als Hausfrau muß sich mit alltäglichen Kleinigkeiten und mit den Kindern abplagen, so daß ihr kaum Zeit und Kraft bleibt für geistige und unterhaltsame Dinge. Und ihr vielbeschäftigter Ehemann kümmert sich vielleicht auch nicht um derartige Bedürfnisse seiner Frau.

Mit der Kollegin ist er den ganzen Tag zusammen. Die gemeinsame Arbeit erfordert es, aufeinander einzugehen und gut miteinander auszukommen. Um so wichtiger ist es, von vornherein darauf zu achten, daß keine erotischen Beziehungen entstehen.

Die ledige Mitarbeiterin sollte feinfühlig genug sein, nicht mit der Ehefrau ihres Kollegen zu konkurrieren oder bei ihm zu kokettieren. Da ihre Lebensziele weit über das Geschlechtliche hinausgehen, haben Christen es auch gar nicht nötig, auf diese Weise Bestätigung für sich selbst zu suchen.

Wo man sich wohlfühlen kann

Viele ledige Frauen geben sich deshalb so selbst-sicher, weil sie in ihrem Innern besonders leicht verwundbar sind. Ja, sie sind in gewisser Hinsicht sehr selbständig – aber sie brauchen doch viel Liebe und Wärme.

Dankbar denke ich oft an Bill und Linda. Bill war der Pastor unserer Gemeinde. Sie waren ein sehr nettes Ehepaar mit sechs prächtigen Kindern. Jeder Besucher fühlte sich in ihrem Haus wohl – Christen und Nichtchristen, Reiche und Arme, ehemalige Strafgefangene und Universitätsprofes-soren. Es war ein sauberes, ordentliches und von Liebe erfülltes Haus – und voller Spaß und spon-taner Einfälle. Durch ihren praktischen, demüti-gen Rat und ihr gutes Beispiel haben sie sehr vielen christlichen Familien Mut gemacht, wie sie ihr Haus zu öffnen.

Und gerade dieses Ehepaar war es auch, das vie-len ledigen Frauen durch ihre Gemeinschaft viel geben konnte. Sie halfen ihnen nicht nur, den Le-digenstand wirklich anzunehmen, sondern auch das Frausein richtiggehend zu genießen. Bill dankte uns herzlich, wenn wir etwas für die Ge-meinde geleistet hatten. Er besaß als guter Seelsor-ger einen Blick für das, was uns ermutigen könnte. Und Linda, seine Frau, erzählte, daß sie uns fast um unsere größere Freiheit beneidete, bestimmte Dinge für Gott zu tun.

Hier konnten wir einfach Mensch sein. Auf ganz natürliche Weise ließen sie uns auch Anteil nehmen an ihren Schwierigkeiten, die Ehe und

Kindererziehung mit sich brachten. Doch taten sie das auf sehr diskrete Weise. Es geschah in einer Art, die unsere Gemeinschaft aufs herzlichste vertiefte. Wenn sie darüber sprachen, was es bedeutet, eine Frau zu sein, dann fühlten wir, daß auch wir ledigen Frauen damit gemeint waren.

6. Die Kunst, älter zu werden

»Was wird sein, wenn ich fünfundvierzig bin?«
Schon mit zwölf Jahren stellte ich mir diese Frage.
Zu jener Zeit beobachtete ich, wie sich eine
freundlich lächelnde Frau aus dem Bekanntenkreis
der Familie innerhalb kürzester Zeit in ein regel-
rechtes »Hexenweib« verwandelte. Einige in der
Verwandtschaft meinten sogar, man sollte sie in
eine Irrenanstalt abschieben.

Auf diese Weise erfuhr ich, daß alle Frauen um
die Vierzig solch eine Lebensveränderung durch-
machten, und weitere Tatsachen und Märchen
über die vieldiskutierten Wechseljahre.

Das alles machte auf mich einen erschreckenden
Eindruck. Aber ich beobachtete auch, daß längst
nicht alle Frauen in diesem Alter depressiv oder
unausstehlich wurden. Ich fing an, ernsthaft und
bewußt darüber nachzudenken, auf wie unterschiedliche Weise die Menschen älter werden.
Vielleicht habe ich schon damals begonnen, mich
auf dieses Alter vorzubereiten.

Alter ist etwas sehr Relatives, finden Sie nicht
auch? Als ich fünfzehn war, dachte ich, das mitt-
lere Lebensalter läge zwischen dreißig und fün-
unddreißig. Doch die Älteren schwärmen davon,
wie sie »in jungen Jahren« mit Dreißig alles unternahmen. Später fand ich heraus, daß manche
Frauen jenseits der Fünfzig sogar noch richtig
hübsch sein können. Und vor einigen Monaten las
ich in der Zeitung von einer kleinen siebenund-

sechzig Jahre alten Großmutter, die zu Fuß von Tokio bis zu ihrem Geburtsort in Südwest-Japan gelaufen war – eine Entfernung von etwa 1500 Kilometern.

Sie brauchte fünf Jahre dazu. Manchmal marschierte sie dreißig Kilometer am Tag. Sie sagte dazu nur: »Dafür habe ich sechs Jahre trainiert.« Na also!

Ab vierzig zum »alten Eisen«?

Ich fragte einmal eine Freundin in den Dreißigern, ob sie schon ans Älterwerden gedacht habe.

»Ja«, antwortete sie, »allerdings nicht gern«.

»Warum nicht?«

»Ooooch«, zögerte sie. Dann faßte sie sich doch ein Herz und sagte: »Jetzt ist es schon einsam – und später wird es noch einsamer.«

So, wie sie sich gab, würde niemand ihr derartige Überlegungen zutrauen. Bei jedem geselligen Beisammensein – ob als Gastgeberin oder Gast – ist sie sehr lebendig und kann sich ganz auf ihre Mitmenschen einstellen. Materiell hat sie alles, was man sich nur wünschen kann, und doch fühlt sie sich in ihrer Persönlichkeit so unsicher und ungeborgen.

Ich mache mir Sorgen um junge Frauen wie sie. Obwohl sie Christen sind, kennen sie doch keine tiefergehende Verpflichtung. Am liebsten möchte ich laut rufen: »Gott möchte nicht, daß du auf diese Weise lebst!«

Wer sich zwischen dreißig und vierzig Jahren

noch nicht selbst vergessen und für andere einsetzen konnte, kann es zwischen fünfzig und sechzig auch nicht. Darum wird die Lebensmitte für viele zu einer Krise. Sie haben nicht begriffen, was das Leben als Ganzes wirklich bedeutet.

C. G. Jung spricht von zwei Phasen im Leben des Menschen. Während der ersten Hälfte ist der Mensch stark biologisch orientiert, d. h. auf die Befriedigung seiner biologischen Bedürfnisse. Er dehnt sein Leben aus, erweitert seine Lebensmöglichkeiten und strebt danach, das Beste aus seiner Existenz zu machen. In der zweiten Lebenshälfte, wenn die körperlichen Kräfte nachlassen, sollte er sich mehr geistig orientieren, die tieferen Lebensinteressen entwickeln und genießen.

Es ist eine Tragödie, daß es vielen Menschen einfach nicht gelingt, den Übergang von der körperlichen zur geistigen Phase zu schaffen. Ihr Lebensschiff strandet, und übrig bleibt nur noch ein Wrack. So zählen sie sich schließlich selbst »zum alten Eisen«, mit dem nichts mehr los ist.

Unser westliches Erziehungssystem legt großen Wert darauf, die Kinder für ihr Leben als Erwachsene vorzubereiten. Vielfach kommt es darin förmlich zu einem leidenschaftlichen Wettbewerb. Warum haben wir nicht auch Lehrgänge, in denen erwachsene Menschen lernen können, alt zu werden? Offensichtlich liegt hier ein großer Bedarf vor. Solange es hier nichts gibt, müssen wir uns selbst zu helfen suchen.

Jung bis ins Alter

Werbefachleute haben die Sehnsucht der Menschen erkannt und die Vorstellung geweckt, daß es vor allem wichtig sei, sich bis zum Lebensende körperlich jung zu erhalten. Und für diese »Verjüngungskuren« werden ihnen Tausende bezahlt. Kein Opfer ist zu groß, wenn man nur jung bleiben kann.

Immer wenn ich ein Foto anschaue oder einen Artikel lese, der von einer berühmten Frau handelt, die selbst in hohem Alter »zeitlos« aussieht, dann tut mir diese Frau leid. Es ist bekannt, daß solche Frauen bedeutende Summen für kosmetische Behandlungen ausgeben und sich allen möglichen Prozeduren unterziehen, um nur ja ihre Jugendlichkeit zu erhalten – oder zumindest jugendlich auszusehen. Hätten wir selbst so viel Geld wie sie – vielleicht würden wir es genauso machen!

Aber tun wir eigentlich nicht schon ohnehin das gleiche, wenn wir unser Alter verschweigen? Schämen wir uns etwa der Jahre, die Gott uns geschenkt hat?

Natürlich ist nichts an der Jugendlichkeit auszusetzen (vgl. Prediger 11, 9; Jeremia 2, 2; 1.Timotheus 4, 12). König David preist Gott, durch dessen Güte er »wieder jung wird wie ein Adler« (Psalm 103, 5).

David spricht aber nicht über die Jugend als Lebensabschnitt. Er gebraucht das Wort »Jugend« als Ausdruck für Vitalität, Energie, Bereitschaft, Offenheit dem Leben gegenüber. Das hebräische Wort für einen jungen Menschen, »naar«, bedeutet wörtlich »wachsend«. Es ist genau das, was wir meinen, wenn wir von einem älteren Menschen sprechen, der »jung geblieben« ist: Er wächst noch.

Genauso haben wir unsere Vorstellungen, wenn wir das Wort »gealtert« oder »alt geworden« gebrauchen. Wir beschreiben damit jemanden, der untätig, teilnahmslos und dem Leben gegenüber gleichgültig ist. So gibt es also jugendliche Alte und altersschwache Jugendliche.

Wir sündigen gegen uns selbst, wenn wir gegen das Älterwerden kämpfen. Dieser Widerstand ist völlig unsinnig. Ich kenne niemanden, der jünger wird, auch wenn es manche wünschen. Jeder wird älter. Doch Altwerden ist für den Christen kein Unglück, dem man sich widerwillig beugen müßte, um dann zu gegebener Zeit brav zu sterben. Dieses irdische Leben ist nämlich gekennzeichnet vom ewigen, nie aufhörenden Leben, das hier seinen Anfang nimmt und niemals unterbrochen werden kann. Die sechzig, siebzig oder achtzig Jahre, die Gott uns auf dieser Erde schenkt, sind ein Präludium, ein Vorspiel für die nächsten »fünf Milliarden« Jahre in Gottes Ewigkeit. Aber es ist ein ungemein wichtiges Vorspiel, weil hier die Grundlage unseres Charakters für die Ewigkeit geschaffen wird. Wir werden hier für den Himmel vorbereitet. Ich bin überzeugt, im Jenseits werden wir weiterwachsen.

Wenn wir unser Alter ängstlich verschweigen und unsere grauen Haare sorgfältig färben, wenn wir als ältere Menschen uns wie Teenager kleiden und uns in jeder Hinsicht wie Jugendliche benehmen, dann ist das nicht nur albern, sondern wir widersetzen uns damit im Grunde Gott. Er sagt nämlich, daß das Alter etwas Schönes ist: »Der Jünglinge Ehre ist ihre Stärke; und graues Haar ist der Alten Schmuck« (Sprüche 20, 29).

Gott sagt nicht, daß das Alter besser sei als die Jugend, aber er hat es selbst so geordnet, daß wir durch verschiedene Abschnitte des Lebens gehen müssen. Das gehört nun einmal zum Leben auf dieser Erde. Jeder Abschnitt hat seine Licht- und Schattenseiten (vgl. Prediger 3, 1–15, besonders die zweite Hälfte des Textes). Jeden sollten wir deshalb bewußt und mit vollem Ja erleben, genauso wie auch jede der Jahreszeiten – Frühling, Sommer, Herbst und Winter – ihren Sinn und ihren Reiz hat. Es gehört alles zusammen.

Als ich eines Tages beim Friseur saß, nahm eine lebhafte Dame neben mir Platz. »Nach dem letzten modischen Schnitt; gnädige Frau?« fragte der Friseur. »Ja, das Allerneuste aus Paris«, gab sie zur Antwort. Ob ihr das nun stand oder nicht, spielte keine Rolle. Es kam ihr anscheinend nur darauf an, jugendlich und schick zu sein.

Wenn wir unsere ganze Kraft darauf konzentrieren, unser Alter zu verschweigen und uns jugendlich zu geben, dann konzentrieren wir uns auf falsche Ziele. Was Wert hat und in Wahrheit schön ist, sind nicht nur die leiblichen und vergänglichen Dinge des Lebens, nicht nur die Interessen, die uns selbst in den Mittelpunkt stellen, sondern das, was auf andere Menschen bezogen ist. Laßt uns nicht auf die besten Dinge verzichten, die Gott für uns hat.

Vorteile der reifen Jahre

Ich freue mich wirklich auf meinen fünfzigsten Geburtstag, wenn Gott ihn mir schenkt. In einem fünfzigsten Jubiläum liegt etwas ganz Besonderes, selbst wenn es nicht die Goldene Hochzeit ist.

Kürzlich fragte ich einige rüstige Freunde mittleren Jahrgangs, welche Vorteile sie in dieser Lebensphase entdeckt hätten.

»Die Menschen verletzen mich nicht mehr so wie früher, deshalb genieße ich sie mehr.«

»Ich habe mit dem Experimentieren in meinem Leben aufgehört. Nun lebe und liebe ich mein Leben richtig.«

»Ich verstehe und akzeptiere mich mehr als in jüngeren Jahren.«

»Ich weiß nun besser, was ich gern tue – und lasse das andere einfach liegen.«

»Ich habe gelernt, das Leben so zu nehmen, wie es ist, und merke, daß es sich auf diese Weise viel gemütlicher leben läßt.«

»Meine Begrenzungen und Fehler stören mich nicht mehr so wie früher, deshalb kann ich mich jetzt viel besser auf die Kraft konzentrieren, die ich habe.«

»Es fällt mir leichter, die Gnade Gottes zu bezeugen.«

»Ich habe mehr Zeit zum Stillwerden und zum Nachdenken.«

»Ich kenne das Leben nun besser. Ich habe aus meinen Fehlern gelernt.«

»Gott ist größer und wunderbarer, als ich dachte. Christus ist für mich realer geworden.«

»Ich bin viel entspannter als in jungen Jahren, weil ich mich nicht mehr mit anderen Frauen vergleiche und auch nicht mehr jede Mode mitzumachen versuche.«

»Ich bin zufriedener mit den wahren Werten des Lebens geworden – und lebe sie aus.«

»Ich beobachte viel aufmerksamer, was das Leben anderer mir zu sagen hat.«

Ich schrieb auch einer Freundin, um von ihr zu erfahren, wie sie die Sache sieht. Ihre Antwort war mir deshalb so wichtig, weil sie ihr Leben völlig Gott und ihren Mitmenschen geweiht hat. Sie hat Schweres durchgemacht und ist dabei innerlich gewachsen und gereift. Hier nun ihre Antwort:

»In der Lebensmitte habe ich eine Art von Freiheit, die ich früher nicht kannte – die Freiheit von dem Bemühen, anderen imponieren zu wollen. Ich kann viel ehrlicher mit mir selbst sein und bin nicht mehr an die Erwartungen meiner Mitmenschen gebunden.

Elisabeth (eine andere Frau im mittleren Alter) und ich finden, daß wir das Leben in seinem ganzen Reichtum nun viel mehr genießen und auch viel mehr Erfahrungen machen, die uns helfen, die richtigen Entscheidungen zu treffen. Wir können nun leichter erkennen, was wichtig ist.

Ich meine auch, daß wir jetzt besser wissen, wer wir selber sind. Wir versuchen nicht mehr, wie die Teenager Idole zu kopieren oder andere nachzuahmen.

Früher verbrachten wir mehr Zeit damit, uns über die Vergangenheit zu beklagen oder uns alles mögliche von der Zukunft zu erhoffen. Doch dabei verpaßten wir es, die Segnungen der Gegenwart richtig zu erkennen. Wenn wir heute einen Sonnenuntergang beobachten, dann genießen wir das ausgiebig und denken dabei nicht: Eigentlich sollte ich schon längst zu Hause sein und die Wäsche waschen. Wir verstehen heute besser, was der Auca-Missionar Jim Elliot sagte: ›Koste jede Situation völlig aus, weil du weißt, daß sie Gottes Wille ist.‹ Wenn wir jetzt nicht ein Gespräch, einen Sonnenuntergang, das Lesen eines Buches oder ein Musikstück von ganzem Herzen genießen können – wann werden wir es dann jemals können?

Vielleicht liegt der größte Vorteil in meinem Alter aber darin, daß man weiß, man hat nur noch wenige Jahre vor sich – und aus denen möchte man das Beste machen.«

Älterwerden will gelernt sein

Natürlich haben meine Freunde nicht plötzlich jubiliert, als man ihnen sagte, das Leben beginne mit Vierzig erst richtig. Diese positive Einstellung ist das Ergebnis jahrelanger Disziplin in geistiger, gefühlsmäßiger und sozialer Hinsicht.

Andere Leute des »Mittelalters« betrachten ihr gegenwärtiges und zukünftiges Leben eher skeptisch. Entweder finden sie ihr Leben langweilig – oder sie leiden unter schrecklicher Lebensangst. Ihr ganzes Verhalten zeugt von Pessimismus – sich selbst und anderen gegenüber. Sie haben nur wenige Freunde und oft noch weniger Interessen. Auch das ist die Frucht ihres bisherigen Lebens.

Wenn eine Frau mit fünfundzwanzig nicht bewußt an sich selbst arbeitet und sich verändern läßt, wird sie mit fünfzig noch genau die gleiche sein – nur weniger attraktiv verpackt. Wie jetzt, so dann!

Wenn Sie als jugendliche Leserin sich über Ihr späteres Leben noch keine Gedanken gemacht haben, wenn Sie noch keine klare Vorstellung davon haben, wie Sie mit vierzig sein wollen, dann fangen Sie *jetzt* damit an. Es ist wichtig, sich um das zu kümmern, was in Gottes Welt geschieht. Und es ist ebensowichtig, viel zu lesen und über das nachzudenken, was man gelesen und beobachtet hat. Man sollte die Fähigkeit haben, wie ein Kind zu staunen, und die Bereitschaft, neue Erfahrungen zu machen und sich für die Menschen und alles, was das Menschsein ausmacht, zu interessieren. Das ist der Weg des Wachstums bis zum Ende unseres irdischen Lebens.

Viele meiner Freunde, die keineswegs besonders sportliche Typen sind, haben jetzt angefangen, Skifahren zu lernen. Gewiß werden sie nie bei den Olympischen Spielen mitwirken. Aber sie haben herausgefunden, daß Skifahren gut für sie ist, weil es nicht nur gegen Kurzatmigkeit angeht, sondern auch gegen seelische Verstimmungen. Einige aus unserer Familie begannen mit ungefähr fünfunddreißig Jahren zu zeichnen und zu malen. Meine Mutter wagte es sogar noch mit fünfundsiebzig! Wenn Sie Spaß daran haben, erfüllen Sie sich doch auch solch einen geheimen Wunsch!

»Wer nichts wagt, gewinnt auch nichts!« Der Multimillionär Onassis behauptete, dies sei sein Motto gewesen, als er sich anschickte, es von einem ungelernten Arbeiter zu einem der reichsten Männer der Welt zu bringen. Natürlich möchte ich seinen Lebensstil nicht weiterempfehlen oder ein Urteil darüber abgeben. Aber ich fühle mich herausgefordert, wenn ich sehe, wie viele Christen, die das ewige Leben des Schöpfer-Gottes in sich tragen, nicht einmal ein Zehntel davon an Vitalität und Lebensinteresse aufweisen.

Die amerikanische Politikerin Eleanor Roosevelt litt während ihrer Jugendjahre und auch später in der Ehe unter Minderwertigkeitskomplexen. Und doch wurde sie eine der großen und schöpferischen Frauen unseres Jahrhunderts. Als sie Ende Sechzig war und nach dem Geheimnis ihrer unbegrenzten Schaffensfreude gefragt wurde, lautete ihre Antwort: »Ich vergeude keine Zeit und Kraft mit Unschlüssigkeit und Bedauern.«

Paulus drückt das noch deutlicher aus, wenn er sagt: »Meine Brüder, ich schätze mich selbst nicht so ein, als hätte ich das Ziel schon erreicht. Eines aber weiß ich: Ich vergesse, was hinter mir liegt, und strecke mich nach dem aus, was vor mir liegt. Ich jage nach dem vor mir liegenden Ziel, dem Siegespreis, der für die bereit ist, die Gott berufen hat durch Christus Jesus« (Philipper 3, 13–14).

Wenn Jesus Christus nicht nur ihr Ursprung, sondern auch ihr Ziel ist, dann muß sich keine Frau gegen das Altwerden auflehnen.

Keine Angst vor den Wechseljahren

Meine Schwester und ich befragten als Mädchen einmal unsere Mutter nach den Wechseljahren und allem, was so dazugehört. Unsere Fragen verwirrten sie ganz schön. Schließlich war sie in einer ganz anderen Kultur aufgewachsen, nämlich in China. Dort hatte sie nie etwas davon gehört, daß Frauen solch ein Trauma der »Lebensveränderung« durchmachen, wie es in der westlichen Welt so stark betont wird. Sie hatte nie gehört, daß man in dieser Zeit seine Sexualität verlieren könne, einen Schnurrbart bekäme oder unter »fliegender Hitze« zu leiden hätte. Sie wußte auch nicht, daß man dann wahrscheinlich Schreikrämpfe bekommen und unter Schlaflosigkeit oder Depressionen leiden wird. Sie kannte auch die Zusammenhänge des Hormonhaushalts im menschlichen Körper nicht in allen Einzelheiten. Sie sagte nur: »Es hört einfach auf. Das ist alles.« Sie lebte weiter – und lebte wirklich!

Wieviel unnötige Sorgen und Märchen spuken in den Köpfen vieler Frauen herum, wenn sie in die Zeit des Klimakteriums kommen! Ich möchte Ihnen jetzt keine Ratschläge geben, welche Therapie oder welche Hormonpräparate Ihnen helfen könnten, diese Phase Ihres Lebens problemloser zu überstehen. Das ist Sache der Ärzte. Alles, was ich Ihnen dazu sagen möchte, ist, daß hier ein ganz natürlicher Vorgang in Ihrem Körper stattfindet. Diese körperlichen Veränderungen können selbstverständlich Auswirkungen auf die Seelenlage haben, aber alles andere sind schlicht Märchen.

Das gilt auch für Auswirkungen einer Totaloperation. Solche Dinge können auf jede Frau zukommen, nicht nur in den vierziger Jahren, sondern auch schon früher. Es ist zwar eine große, aber doch eine relativ einfache Operation.

Allerdings – als der Gynäkologe mir sagte, daß er mich operieren müßte, war ich wie betäubt. Und so geht es wohl allen Frauen in ähnlichen Situationen. Meine Reaktion war wie die eines Menschen, der plötzlich mit dem Tod konfrontiert wird: Das ganze Leben mit allen Einzelheiten fliegt an einem vorüber. Ich war bis dahin noch nie im Krankenhaus gewesen. Und außerdem lebte ich im Ausland, wo keiner meiner Angehörigen in der Nähe war. Schließlich sagte ich dem Arzt, daß mein Terminkalender zu voll und eine Operation ganz unmöglich sei.

Doch jene Zeit im Krankenhaus erwies sich als äußerst ertragreich für mein Leben. Sicher, meine Familie war nicht bei mir. Ich hatte ihnen geschrieben, und sie antworteten mir, daß wohl kein Grund zur Sorge sei. Ganz neu ging mir das Wunder des menschlichen Körpers auf und auch der große Zusammenhang des leiblichen mit dem ewigen Leben. Ich genoß die Freundlichkeit der Ärzte und Schwestern und all meiner Bekannten in jener Stadt. Und ich hatte die Möglichkeit, in jeder Minute hundertprozentig dem Herrn zu vertrauen und mir Gedanken über das menschliche Dasein zu machen. Ich habe dabei enorm viel gelernt und bin dem Herrn sehr dankbar für diese Erfahrung.

An dieser Stelle möchte ich aber auch noch einmal betonen, wie wichtig körperliche Betätigung ist. Wie mir der Arzt bestätigte, habe ich mich nach der Operation sehr schnell erholt. Elf Tage später konnte ich meine Termine wieder wahrnehmen und sogar über schwierige Gebirgsstraßen reisen. Dann begann ein mehrwöchiger Schulungskurs. Obwohl ich nicht an allem teilhaben konnte, was die Studenten unternahmen, und nur im Sitzen unterrichtete, geriet ich mit meinen Terminen nicht in Verzug, und alles ließ sich gut regeln, auch mit meinen Mitarbeitern.

Ich möchte sie mit diesen Erfahrungen ermutigen, sich nicht von unnötigen Sorgen und Ängsten beunruhigen zu lassen. Hören Sie nicht auf die Ammenmärchen, die Ihnen manche Frauen erzählen.

Ein Gebet fürs Älterwerden

Ich würde gern die ältere ledige Dame kennenlernen, die das folgende Gebet geschrieben hat. Die tiefe Einsicht und den gesunden Humor, der sich hier widerspiegelt, kann ich nur bewundern. Meine Freundin Adele fand im Gegensatz zu mir nichts Besonderes daran. Aber diese Worte können einer vierundzwanzigjährigen Frau wohl auch noch nicht aus dem Herzen gesprochen sein.

»Herr, du weißt genau wie ich, daß ich nun älter werde. Und eines Tages werde ich alt sein. Bewahre mich davor, geschwätzig zu werden, und besonders vor der dummen Gewohnheit zu meinen, ich müsse zu jedem Thema und bei jeder Gelegenheit etwas sagen.

Befreie mich von dem Verlangen, die Angelegenheiten anderer Menschen überall herumzuposaunen.

Halte meinen Sinn frei von Nebensächlichkeiten – und hilf mir, immer gleich zur Hauptsache zu kommen.

Ich bitte dich um viel Gnade, damit ich zuhören kann, wenn andere mir von ihren Schmerzen erzählen. Hilf mir, sie mit Geduld zu ertragen. Aber verschließe meine Lippen, wenn es um meine eigenen Schmerzen und Wehwehchen geht. Sie nehmen zu, je älter ich werde. Und die Gefahr, sie zu pflegen, ist groß.

Mache aus mir einen liebevollen und liebenswürdigen Menschen. Ich möchte nicht unbedingt eine ›Heilige‹ sein – mit manchen ›Heiligen‹ läßt sich nur schwer auskommen –, aber nur der Teufel findet eine griesgrämige alte Frau sympathisch.

Mache mich nachdenklich, aber nicht schwermütig; hilfsbereit, aber nicht schulmeisterlich. Eigentlich ist es ja schade, wenn ich all meine Weisheit gar nicht so recht einsetze. Doch du weißt, Herr, daß ich letztendlich doch gern ein paar Freunde behalten möchte. . .«

7. Einer versteht uns

Keine Angst, ich werde hier keine Doktorarbeit zum Thema »Jesus und die Frauen« schreiben, obwohl es mir gefällt, wie er sie verstand und mit ihnen umging, und ich wünschte, manche Männer würden sich ein Beispiel daran nehmen.

Ich habe keine christliche Erziehung genossen und wurde als Teenager Christ. Weder zu jener Zeit noch heute habe ich Schwierigkeiten gehabt, anzuerkennen, daß Jesus von Nazareth Gott ist. Mein Problem bestand vielmehr darin zu glauben, daß er ebenso ganz *Mensch* war. Nicht, daß ich das je geleugnet hätte; ich wußte, daß Jesus freiwillig seine Allmacht, seine Allwissenheit und seine Allgegenwart zur Seite gelegt hatte und daß er sogar hungrig und müde werden konnte. Aber dieses theoretische Wissen wurde nicht in mein praktisches Leben übernommen.

Für mich war die Fleischwerdung Gottes nur ein Glaubenssatz. Es war zur Erlösung unentbehrlich: Jesus mußte Mensch werden, damit er leiblich für unsere Sünden sterben konnte. Doch seine Göttlichkeit war für mich so stark, daß mir seine Menschlichkeit nur zweitrangig erschien. Die Menschlichkeit Jesu war nicht real genug für mich, um von daher auch meine persönliche Menschlichkeit zu verstehen. Erst später begann ich zu begreifen, wie ketzerisch es ist, die Menschlichkeit und das Menschsein Jesu außer acht zu lassen.

Es lag wohl mit daran, daß ich eine zwiespältige Denk- und Verhaltensweise besaß, was meinen Körper, die Welt, materielle Dinge und natürlich auch den Genuß dieser Dinge betraf. Doch sollte ich eine Antwort finden . . .

Eines Abends, als wir in einem Hauskreis über die Versuchungen Jesu sprachen, fragte ein junger Mann, der sich recht leger benahm und ziemlich ungepflegt aussah: »Wurde Jesus eigentlich auch sexuell versucht?«

Ich leitete an jenem Abend den Bibelkreis und war entsetzt, weil ich nicht wußte, wie ich diese Frage beantworten sollte – und ob ich es überhaupt wollte. Zum Glück griff ein anderer die Frage auf, und es entstand eine Diskussion, die so hilfreich war, wie sie es nicht besser hätte sein können.

Natürlich wurde Jesus auch sexuell versucht, wenn er wahrhaftig Mensch war und wenn die Aussagen in Hebräer 4, 15–16 korrekt sind.

Als ich mit der Zeit immer mehr Menschen kennenlernte, die Jesus liebten und gleichzeitig begeistert waren von allem, was Gott geschaffen hat, sah ich es für nötig an, mich mit den Evangelien genauer zu beschäftigen. Das führte schließlich zu einem Wendepunkt in meinem Denken, zu einer langsamen, aber sicheren Kehrtwendung.

Als ich später in einem anderen Land an einer evangelistischen Bibelstudiengruppe teilnahm, wurde ich mit einer ähnlichen Frage konfrontiert wie damals in dem Hauskreis. Diesmal befaßten wir uns mit der Begegnung, die Jesus nach seiner Auferstehung mit Maria Magdalena hatte. Ein junger Buddhist, der ernsthaft nach der Wahrheit suchte, fragte: »War sie die Freundin von Jesus?« (Das war lange bevor das Musical »Jesus Christ Superstar« populär wurde.) Diesmal entsetzte mich diese Frage nicht. Sie war mir sogar als Gelegenheit willkommen, diesen Studenten, die nur wenig über das Christentum wußten, Jesus vorzustellen.

Aber natürlich ist nicht nur diese menschliche Seite Jesu ein wichtiger Aspekt für uns. Es gibt noch andere Dinge, die ihn uns als vollkommenen Menschen zeigen und ohne die wir ihn auch nicht als Sohn Gottes begreifen.

Das Besondere am Evangelium ist nicht, daß Gott auf dieser Erde erschien. Andere Religionen kennen ähnliche Geschichten von göttlichen Besuchen bei den Menschen. Wie enttäuscht war ich als junge Christin, als ich hörte, daß nicht nur das Christentum die Inkarnation lehrt! Ich las nämlich damals, daß im Hinduismus der Gott Wischnu den Menschen in leiblicher Gestalt erschienen sei. Doch dann wurde mir der Unterschied klar – ein sehr großer Unterschied!

Wischnu sah nur aus wie ein Mensch. In Wirklichkeit war er es nicht. Als er jenen riesigen Stein den Berg hinaufrollte, tat er das mit der Kraft eines Gottes, nicht eines Menschen. Aber als Jesus den Versuchungen des Teufels widerstand, tat er das als Mensch mit der Kraft Gottes, die allen Menschen zur Verfügung steht, die ihn um Hilfe bitten.

Jesus war wirklich Mensch. Das macht ihn für Sünder wie uns so anziehend. Denn Gott sagte uns dadurch auch: »Schaut, hier ist euer menschliches Vorbild. So sollt ihr sein, und so könnt ihr sein.«

Sein offensichtlicher Sinn für Humor,
sein mutiges Auftreten vor den Machthabern,
seine Ruhe inmitten persönlicher Gefahr,
sein Mitleid und Erbarmen mit den Prostituierten,
seine spürbare Liebe zu Kindern,
sein hilfreicher Rat in schwierigen Fragen,
sein vorurteilsfreies Verhalten in der Gesellschaft,
sein Einfühlungsvermögen in das ganze menschliche Dilemma:

Alle diese Charakterisierungen wecken in uns die Frage: »Wer ist das?« Die Gottheit Jesu flößt mir Achtung ein, aber ebenso seine Menschlichkeit.

Von dieser Art der Menschlichkeit sind wir noch weit entfernt. Und wir können ohne seine Freundschaft auch nicht so werden. Ohne ihn sind wir bekümmert, zynisch, egoistisch, bankrott. Mit ihm aber werden wir gesund und in Wahrheit Kinder unseres himmlischen Vaters.

Einige mögen einwenden: »Sie machen sich die Sache doch wohl ein bißchen einfach.« Ich kann nur antworten: Legen Sie Ihren Kinderglauben ruhig zur Seite und lernen Sie durch das Lesen der Evangelien Christus kennen. Beachten Sie dabei besonders, wie er dort jeweils auf die einzelnen Menschen zugegangen und eingegangen ist. Mir waren diese Abschnitte immer eine große Hilfe und Anregung.

Früher fiel mir in Lukas 7, 36–50 beispielsweise

vor allem auf, daß Jesus das selbstgerechte Verhalten des Pharisäers Simon verurteilt und die demütige Liebe der Sünderin erwidert. Natürlich sind beide Elemente im Text vorhanden. Doch nach und nach sehe ich noch andere Dinge. Ich stelle fest, wie ganz persönlich Jesus mit jedem Menschen gesprochen hat. Er wandte nicht immer die gleichen Methoden an, weil die Menschen, denen er half, verschieden waren. Er sprach auch nicht von oben, von seiner göttlichen Erhabenheit herab, sondern ging als Mensch auf die Situation der einzelnen Menschen persönlich ein.

Jesus verurteilte die Selbstgerechtigkeit des Simon nicht eilfertig, sondern versuchte, dessen kleinen Glauben Stück für Stück aufzubauen und ihn zu ermutigen. Er wußte, welche Schwierigkeiten ein Pharisäer hatte, Jesus nachzufolgen. Es scheint, als habe Jesus den leisen Schrei Simons gehört: »Ich glaube; hilf meinem Unglauben ab!« Das Gespräch zwischen Jesus und dem Pharisäer verlief auf einem hohen, intellektuellen Niveau, denn Simon war ein gebildeter Mensch.

Ganz anders war der Kontakt Jesu zu jener Frau Maria. Hier redete Jesus wenig, denn sie war viel zu aufgeregt für ein Gespräch. Sie gehörte wohl mehr zu den Menschen, die spontan handeln, ohne lange nachzudenken und abzuwägen. Doch Jesus akzeptierte nicht nur ihre Gabe und ihre Hingabe, sondern erklärte und bestätigte ihr Verhalten auch Simon und den anderen gegenüber.

Welch ein Mensch! Welch ein Gott!

Freundschaft mit Jesus

Kann Gemeinschaft mit solch einem Herrn langweilig oder gar unmöglich sein? Nein! Die Nachfolge sieht für eine ledige Frau nicht anders aus als für andere Christen. Unser Leben hat nur Wert, wenn es Tag für Tag unter seiner Leitung gelebt wird und wenn wir als seine Jünger ständig von ihm lernen. Jüngerschaft ist nicht etwas für eine kleine, auserwählte Schar »übergeistlicher« Menschen. Wir sollten noch einmal nachlesen, was Jesus zu diesem Thema gelehrt hat (vgl. Lukas 9, 23–27. 57–62; 14, 25–33).

Jeder Christ muß seine Nachfolge in den besonderen Umständen, in die Gott ihn hineingestellt hat, ausleben. Für die meisten ist das die Ehe. Für die anderen ist Ledigsein das Kampffeld, auf dem sie sich unter der Leitung Christi und nach seinem Vorbild zu bewähren haben. Es sollte immer unser Ziel sein, Christus zu gefallen, ob wir nun ledig oder verheiratet sind.

Je größer die Probleme in der Nachfolge Christi sind, um so größer sind auch die Möglichkeiten, den Charakter zu bilden und im Glauben zu wachsen. Ledige haben dabei vielleicht sogar die besseren Chancen. Eine verheiratete Frau wird sich immer stärker an ihren Mann binden, der doch so begrenzt ist in seiner Weisheit, Geduld und Gnade. Doch eine ledige Christin löst ihr Problem ausschließlich mit dem Herrn und erfährt seine Kraft dadurch auf besondere Weise.

Reife und Erfüllung

Es gibt keinen Grund, den einen oder den anderen Familienstand für geistlicher zu halten. Der eine mag als Lediger hart und verbittert werden. Der andere kann aber ebenso als Verheirateter unnachgiebig und hartherzig sein. Ich kenne sauertöpfische alte Jungfern und ich kenne griesgrämige alte Ehefrauen. Ich kenne aber auch harmonische Ehen, die in mir den Wunsch aufkommen lassen, selbst verheiratet zu sein. Doch ich weiß ebenfalls um ledige Frauen und Männer, deren Leben erfüllter ist als das vieler Verheirateter.

Das liegt nicht daran, daß sie ledig sind. Ich meine, es ist so, weil sie das Leben in der Nachfolge Jesu ernst nehmen und sich bewußt und ständig von ihm führen lassen. Sie laufen nicht davon, sondern stellen sich ihren Problemen und Sorgen, manchmal auch in schrecklichen Kämpfen, aber immer wieder mit Humor und guter Laune. Sie fragen: Was kann ich in diesen Kämpfen von Gott lernen? Was kann ich über mein eigenes Menschsein durch diese Erfahrung lernen? Wie kann ich die neue Entdeckung für andere nutzen?

Gott hat nicht im geringsten die Absicht, uns Ledigen ein Leben zweiter Klasse zu bereiten. Wenn wir wirklich ein Leben mit Gott führen, dann brauchen wir keinen Ersatz für die fehlende Ehe. Dann leben wir auf die beste Weise, die Gott in seiner Liebe für uns geplant hat. Dann werden wir wörtlich und persönlich verstehen, was Jesus seinen Jüngern verheißen hat:

»Das sollt ihr wissen: Jeder, der sein Haus, seine Geschwister, seine Eltern, seine Kinder oder seinen Besitz aufgibt, um mir zu folgen und das Evangelium weiterzusagen, der wird schon hier alles hundertfach zurückerhalten: Häuser, Brüder und Schwestern, Eltern, Kinder und Besitz. All dies wird ihm – wenn auch mitten unter Verfolgungen – auf dieser Erde gehören und außerdem in der zukünftigen Welt das ewige Leben. Viele, die jetzt ganz vorn sind und etwas gelten, werden dann nichts bedeuten. Und andere, die heute die Letzten sind, werden dort zu den Ersten gehören« (Markus 10, 29–31).

J. H. Oldham
Ein Mensch wagt zu lieben

Florence Allshorn
Ein Leben im Dienst Christi

144 Seiten. ABCteam-Taschenbuch. 10. Auflage

Das Leben einer sensiblen, schöpferischen Frau, die ihre
Vorstellungen vom Leben eines Christen zu verwirklichen versucht, das sich sehr vom Herkömmlichen und
Üblichen unterscheidet.
Florence Allshorn verzichtet darauf, in der Kunst ihren
Sinn für Schönheit zu befriedigen, und geht als Missionarin nach Uganda. Unter schwierigsten Bedingungen
arbeitet sie vier Jahre lang in Afrika. Krank und ohne Il-
lusionen kehrt sie zurück. Doch ihr Glaube hält stand.
Ihr Kampf gegen Mittelmäßigkeit, Heuchelei und nur
oberflächliche Freundlichkeit bringt vieles in Bewegung und macht sie zu einem Vorbild für alle, die nach
Gottes Willen für ihr Leben fragen.

Anne Townsend
Überraschungen mit dem Gebet
Für andere beten – wie macht man das?

80 Seiten. ABCteam-Taschenbuch. 4. Auflage

»Der Tod einer Freundin war nötig«, schreibt die Mis-
sionsärztin Anne Townsend, »damit ich meine Verantwortung, für andere zu beten, erkannte.«
Sie untersucht, warum und vor allem wie wir beten sollen. Dabei unterschlägt sie keineswegs schwierige Fragen und nagende Zweifel. Als Ergebnis steht aber die
beglückende Erfahrung: Gott läßt uns im Gebet an seinem Tun teilnehmen.

BRUNNEN VERLAG GIESSEN

Brunnen Taschenbücher